FOKUS CHEMIE 7/8

THÜRINGEN
LÖSUNGEN

Cornelsen

FOKUS
CHEMIE

Autoren:	Dr. Karin Arnold, Michaela Böttger, Andreas Eberle, Andreas Grimmer, Dr. Anja Grimmer, Andrea Hein, Annkathrien Jaek, Carsten Kinzel, Thorsten Kreß, Carina Kronabel, Dr. Uwe Lüttgens, Ralf Malz, Jörn Peters, Hannes Rehm, Steffen Schäfer, Markus Seitz, Inge Töwe

Redaktion:	Dr. Angelika Fallert-Müller, Dr. Claudia Seidel
Designberatung:	Ellen Meister
Umschlaggestaltung und Layoutkonzept:	EYES-OPEN, Berlin
Layout und technische Umsetzung:	Straive

www.cornelsen.de

1. Auflage, 1. Druck 2022

Alle Drucke dieser Auflage sind inhaltlich unverändert
und können im Unterricht nebeneinander verwendet werden.

Bildnachweis:

Umschlagmotiv: stock.adobe.com/Lsantilli

Cornelsen/Detlef Seidensticker: 8 (alle), 11 (alle), 14 (links), 15, 16 (Diagramm), 17, 19, 20 (links/Kreisdiagramm), 23, 27, 38, 39 (links/Modell), 53 (rechts/Formeln), 62; /Hannes von Goessel: 10 (alle), 29 (links/Diagramm), 30 (links/Diagramme), 33, 44, 45 (alle), 49, 50, 53 (links/Schalenmodelle), 54; /Eyes-Open: Fokus Chemie-Logo: I, IV, 1, 2; /Krauß-Verlagsservice: 37; /Karin Mall: 14 (rechts), 16 (links/Hot Can), 21, 30 (rechts/Teilchenmodelle), 41; /Oxana Rödel: 42; /Tom Menzel: 7, 20 (rechts/Diagramm), 21, 24 (Teilchenmodelle), 26, 29 (rechts/Flaschen), 56; /Zweiband Media: 39 (rechts/Formeln), 66

Druck: Esser printSolutions GmbH, Bretten

ISBN 978-3-06-016046-4

PEFC zertifiziert
Dieses Produkt stammt aus nachhaltig bewirtschafteten Wäldern und kontrollierten Quellen.
www.pefc.de

Inhaltsverzeichnis

Stoffe erkennt man an ihren Eigenschaften

Seite 24–25: Eigenschaften von Stoffen ermitteln

1 Gib jeweils vier Stoffe an, die brennbar sind, die weiß und geruchlos sind, den elektrischen Strom leiten oder sauer schmecken.

Offene Aufgabenstellung.

brennbar: Holz, Papier, Alkohol/Brennspiritus (Ethanol), einige Kunststoffe

weiß und geruchlos: Papier, Kochsalz, Zucker, Tafelkreide

elektrische Leitfähigkeit: Eisen, Kupfer, Leitungswasser, Graphit

saurer Geschmack: Citronensäure, Essigsäure, Apfelsäure, Milchsäure

2 Nenne mögliche Stoffe, aus denen ein Füllfederhalter besteht. Begründe.

Offene Aufgabenstellung.

Füllfederhalter bestehen je nach Typ oder Marke aus verschiedenen Materialien. Ein einfacher Füllfederhalter für die Schule kann z. B. aus folgenden Materialien bestehen:

Gehäuse: harter Kunststoff, Aluminium, Edelstahl oder Gummi

Tintenpatrone: weicher Kunststoff

Feder: rostfreier Stahl, häufig verchromt

Tinte: wässrige Lösung mit einem Farbstoff

Um den Füllfederhalter lange verwenden zu können, ist das Kunststoffgehäuse in der Regel aus einem leichten, robusten und haltbaren Kunststoff gefertigt. Die Tintenpatrone ist oft durchscheinend und besteht aus einem weichen Kunststoff. Die Feder ist aus einem harten Metall, das metallisch glänzt. Sie nutzt sich beim Schreiben kaum ab. Sie ist rostfrei, damit das Metall durch die Tinte nicht rostet. Die wässrige Tinte ist flüssig und meist blau gefärbt, da sie einen Farbstoff enthält.

3 Vergleiche die Stoffeigenschaften von Mehl und Puderzucker. Erläutere verschiedene Unterscheidungsmöglichkeiten.

Puderzucker und Mehl sehen weiß aus, glänzen nicht, sind bei Zimmertemperatur fest, geruchlos, leiten den elektrischen Strom nicht und werden nicht von einem Magneten angezogen.

Unterscheidungsmöglichkeiten: Puderzucker ist meist weißer als Mehl. Mit etwas Wasser vermischt, wird Puderzucker klebrig, Mehl hingegen nicht. Puderzucker lässt sich in Wasser lösen, Mehl ist in Wasser hingegen kaum löslich. Puderzucker schmilzt beim Erwärmen, Mehl nicht.

4 Erkläre, weshalb Geruchs- und Geschmacksproben im Chemieunterricht nur nach ausdrücklicher Aufforderung durch die Lehrkraft durchgeführt werden dürfen.

Stoffe können zu den Gefahrstoffen gehören und somit giftig, ätzend, reizend und gesundheitsschädlich sein.

Seite 27: Aggregatzustandsänderung von Stoffen

1 Entscheide, bei welchen Vorgängen nur vorübergehende Veränderungen der Eigenschaften auftreten: Joghurtbecher verkohlt, Stahldraht dehnt sich aus, Plexiglasstab wird erhitzt, Eisen wird in Formen gegossen.

Vorübergehende Veränderungen der Eigenschaften treten auf, wenn Stahldraht sich ausdehnt und Eisen in Formen gegossen wird.

2 Raureif entsteht durch Resublimation. Erkläre (► 1).

An kalten Tagen ist auf Pflanzen Raureif zu sehen. Er entsteht dadurch, dass der Wasserdampf der Luft (Luftfeuchtigkeit) direkt zu Eis wird. Der Übergang vom gasförmigen in den festen Zustand heißt Resublimation.

3 Wachs kann mit einem Bügeleisen und einem Löschblatt aus dem Gewebe entfernt werden. Erkläre.

Ein Wachsfleck kann mit einem Bügeleisen und einem Löschblatt entfernt werden, weil beim Bügeln mit dem heißen Bügeleisen das Wachs flüssig wird, sodass es vom Löschblatt aufgesaugt werden kann.

Seite 28–29: Stoffe mit Messinstrumenten unterscheiden

1 Die Erstarrungstemperatur eines Stoffs entspricht seiner Schmelztemperatur. Erläutere diese Feststellung. Nenne Beispiele.

Die Temperatur, bei der ein fester Stoff in den flüssigen Zustand übergeht, ist die Schmelztemperatur. Die Temperatur, bei der ein flüssiger Stoff wieder in den festen Zustand übergeht, ist die Erstarrungstemperatur. Beide Temperaturen sind gleich. Beispiele für Erstarrungs- bzw. Schmelztemperaturen von Stoffen: Wasser 0 °C, Kerzenwachs 69 °C, Aluminium 660 °C, Eisen 1 540 °C.

2 Wasser siedet im Schnellkochtopf erst bei 120 °C. Begründe. Leite daraus Auswirkungen für das Garen von Lebensmitteln ab.

Im Schnellkochtopf herrscht leichter Überdruck. Dadurch wird die Siedetemperatur des Wassers erhöht. Die Teilchen der Flüssigkeit können diese aufgrund des höheren Drucks nicht so leicht verlassen. Die erhöhte Temperatur vermindert die Garzeit erheblich.

3 Berechne das Volumen von 1 kg Luft.

Gegeben: $m(\text{Luft}) = 1\text{ kg} = 1\,000\text{ g}$

$\varrho(\text{Luft}) = 0{,}00\,129\text{ g/cm}^3$

Gesucht: $V(\text{Luft})$

Lösung: $V(\text{Luft}) = \frac{m(\text{Luft})}{\varrho(\text{Luft})} = \frac{1\,000\text{ g}}{0{,}00\,129\text{ g/cm}^3}$

$= 775\,194\text{ cm}^3 = \underline{\underline{0{,}755\text{ m}^3}}$

1 kg Luft hat ein Volumen von $0{,}775\text{ m}^3$.

4 Du möchtest die Dichte von Salzwasser bestimmen. Begründe, welchen Dichtewert du erwartest, wenn man das Gefäß mit dem Salzwasser einige Tage in der Sonne stehen lässt.

Ich erwarte, dass sich die Dichte des Salzwassers erhöht, da das Wasser nach und nach verdunstet (verdampft), wenn es sich durch das Sonnenlicht erwärmt. Das Salz kann dabei nicht verdunsten und bleibt in der Lösung zurück. Daher ist der Salzgehalt im Wasser nach einigen Tagen höher. Die Masse eines bestimmten Volumens der Salzlösung steigt daher an.

5 Beurteile, ob „Hans im Glück" aus dem gleichnamigen Märchen wirklich den Goldklumpen, der so groß wie sein Kopf ist ($V \approx 1\,800\text{ cm}^3$), mit seinen bloßen Händen nach Hause tragen konnte.

Für die Beurteilung muss zunächst die Masse des Goldklumpens ermittelt werden.

Gegeben: $V(\text{Gold}) = 1\,800\text{ cm}^3$

$\varrho(\text{Gold}) = 19{,}3\text{ g/cm}^3$

Gesucht: $m(\text{Goldklumpen})$

Lösung: Masse = Dichte · Volumen

$m(\text{Goldklumpen}) = \varrho(\text{Gold}) \cdot V(\text{Gold})$

$= 1\,800\text{ cm}^3 \cdot 19{,}3\text{ g/cm}^3$

$= 34\,740\text{ g} = \underline{\underline{34{,}74\text{ kg}}}$

Seite 30: Steckbriefe von Stoffen

1 Erstelle für den Stoff Aluminium einen Steckbrief.

Aluminium

Farbe: silberweiß

Glanz: glänzend

Aggregatzustand bei Zimmertemperatur: fest

Dichte: gering (2,7 g/cm^3 bei 20 °C)

Schmelztemperatur: 660 °C

Siedetemperatur: 2470 °C

elektrische Leitfähigkeit: gut

magnetisches Verhalten: nicht magnetisierbar

Besonderheit: läuft an der Luft schnell an

2 Nenne Möglichkeiten, Kochsalz, Haushaltszucker und Citronensäure zu unterscheiden. Erstelle dazu einen Steckbrief dieser Stoffe.

Unterscheidungsmöglichkeiten:

Geschmacksprobe (im Chemieunterricht nur nach Aufforderung erlaubt)

elektrische Leitfähigkeit: Testen von Lösungen und Schmelzen der Stoffe

starkes Erhitzen

Kochsalz (Natriumchlorid)

Farbe: weiß, kristallin

Geruch: geruchlos

Geschmack: salzig

Löslichkeit in Wasser: löslich, ergibt klare Lösung

elektrische Leitfähigkeit: in der Schmelze und Lösung, sonst keine

Brennbarkeit: brennt nicht

Haushaltszucker

Farbe: weiß, kristallin

Geruch: geruchlos

Geschmack: süß

Löslichkeit in Wasser: löslich, ergibt klare Lösung

elektrische Leitfähigkeit: Fester Stoff, Lösung und Schmelze leiten den Strom nicht.

Brennbarkeit: verkohlt

Citronensäure

Farbe: weiß, kristallin

Geruch: geruchlos

Geschmack: sauer

Löslichkeit in Wasser: löslich, ergibt klare Lösung

elektrische Leitfähigkeit: Lösung; Schmelze und fester Stoff leiten den Strom nicht.

Brennbarkeit: keine, der Stoff zersetzt sich aber langsam

Seiten 32–33: Bau der Stoffe aus Teilchen

1 Auch der Teebeutel besteht aus einem Stoff.

a Beschreibe, wie du dir den Aufbau dieses Stoffs vorstellst.

Individuelle Lösung.

Die Teilchen des Stoffs müssen eine netzartige Struktur bilden, sodass Wasser-, Geschmackstoff- und Farbstoff-Teilchen durch die Löcher hindurchpassen.

b Stelle eine Vermutung auf, warum sich ein Teebeutel nicht im Wasser löst. Nutze das Teilchenmodell.

Individuelle Lösung.

Die Wasser-Teilchen dürfen nicht zwischen die Teebeutel-Teilchen gelangen können. Beispiele für mögliche Hypothesen:

- die Teilchen der Teebeutel stoßen die Wasser-Teilchen ab
- die Teilchen der Teebeutel sind „zusammengeklebt" oder ineinander „verhakt"
- die Teebeutel-Teilchen liegen so eng zusammen, dass sich keine Wasser-Teilchen dazwischen schieben können

2 Beschreibe mit dem Teilchenmodell, was passiert, wenn man ein Stück Zucker in Tee gibt.

Da sich die Teilchen im Tee ungeordnet bewegen, schieben sich die Wasser-Teilchen langsam zwischen die eng zusammenliegenden Zucker-Teilchen. Der Teilchenverband wird dadurch aufgebrochen und die vereinzelten Zucker-Teilchen können sich mit den anderen im Tee vorhanden Teilchen (Farbstoff-Teilchen, Geschmackstoff-Teilchen) vermischen.

3 Erkläre die Veränderung der Bewegungsrichtung beim Pollenkorn (► 2).

Das Pollenkorn bewegt sich wahllos in eine Richtung. Es ändert seine Bewegungsrichtung, wenn es an andere (nicht sichtbare) Teilchen stößt und so einen Impuls in eine andere Richtung bekommt.

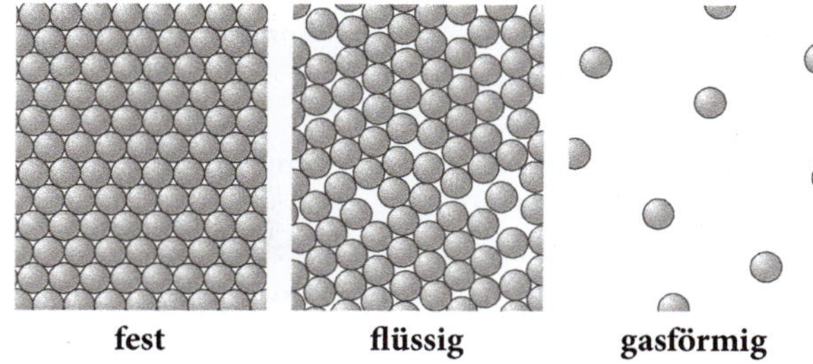

2 Erkläre, warum man feste und flüssige Stoffe nicht zusammendrücken kann (► 2, 4).

In Flüssigkeiten und Feststoffen liegen die Teilchen eng beieinander. Es gibt wenig freien Raum, den die Teilchen beim Zusammendrücken einnehmen könnten. Sie sind deshalb nur sehr wenig oder gar nicht komprimierbar.

3 Trockeneis (► 3) ist festes Kohlenstoffdioxid, das bei −79 °C sublimiert. Erläutere den Vorgang mit dem Teilchenmodell.

Der direkte Übergang vom festen in den gasförmigen Zustand heißt Sublimation.

Im Trockeneis sind die Teilchen regelmäßig angeordnet und liegen eng beieinander. Beim Sublimieren lösen sich Teilchen vom Rand des Teilchenverbands und verteilen sich in der Luft. Sie bewegen sich direkt weit genug auseinander, dass das Kohlenstoffdioxid gasförmig vorliegt.

4 Verdunsten ist das Verdampfen einer Flüssigkeit, obwohl die Siedetemperatur noch nicht erreicht ist. Erläutere den Vorgang mit dem Teilchenmodell.

Teilchen an der Oberfläche der verdunstenden Flüssigkeit haben mehr Möglichkeiten sich zu bewegen als die restlichen Teilchen. Ab und zu bewegt sich ein Teilchen so stark, dass es sich so weit von den restlichen Teilchen der Flüssigkeit entfernt, dass es mit ihnen nicht mehr in Wechselwirkung steht. Es kann sich nun frei im Raum bewegen. Je wärmer es ist, desto mehr Bewegungsenergie haben die Teilchen in der Flüssigkeit, desto mehr Teilchen entfernen sich von der Oberfläche und desto schneller verdunstet die Flüssigkeit.

Seiten 34–35: Aggregatzustände im Teilchenmodell

1 Skizziere festes, flüssiges und gasförmiges Kerzenwachs im Teilchenmodell (► 2, 4).

Seite 36–37: Stoffgemische oder Reinstoffe?

1 Ordne nach Reinstoffen und Stoffgemischen: Müll, Kupferdraht, Zahnpasta, Mineralwasser, Schwefel, Zink, Klärschlamm, Leitungswasser. Gib an, welche

Stoffgemische heterogen, welche homogen sind. Bezeichne die Stoffgemische.
Reinstoffe: Kupferdraht, Schwefel, Zink
Stoffgemische: Müll, Zahnpasta, Mineralwasser, Klärschlamm, Leitungswasser
Heterogen: Müll, Zahnpasta, Klärschlamm
Homogen: Mineralwasser, Leitungswasser
Gemenge: Müll
Suspension: Zahnpasta, Klärschlamm
Lösung: Mineralwasser, Leitungswasser

2 Nenne Beispiele aus dem Alltag für Suspensionen, Emulsionen und Rauch.
Suspension: Lehmwasser, Kakao, naturtrüber Orangensaft, Wasserfarbe
Emulsion: Salatsoße, Sonnenmilch, Hautcreme, Milch
Rauch: Ofenrauch, Dieselqualm, Kerzenrauch, Tabakrauch

3 Kalkfarben sind Suspensionen. Erläutere, weshalb man sie vor dem Anstreichen gut aufrühren muss.
Suspensionen sind heterogene Stoffgemische. Ein Rühren oder Schütteln der Farbe vor Gebrauch ist erforderlich, damit eine gute Durchmischung der Bestandteile gewährleistet ist, da sich diese Stoffgemische leicht entmischen.

Seite 38–39: Stoffgemische im Teilchenmodell

1 Nebel ist ein heterogenes Gemisch. Beschreibe dieses Stoffgemisch auf der Teilchenebene.
Im Nebel sind feinste Wassertröpfchen in der Luft verteilt. Im Teilchenmodell muss die Luft als Gemisch verschiedener Gase dargestellt werden. Die Wassertröpfchen werden als unregelmäßiger Teilchenverband von Wasser-Teilchen dargestellt.

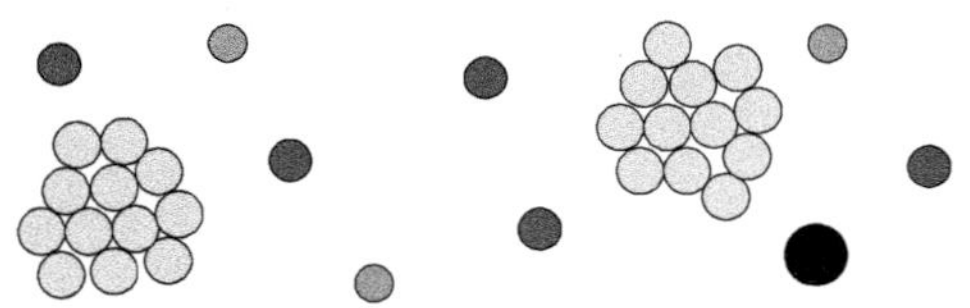

2 Erkläre, weshalb sich Zucker in heißem Wasser schneller löst als in kaltem und weshalb sich Kandiszucker langsamer löst als Würfelzucker. Nutze das Teilchenmodell.
Die Wasser-Teilchen des Wassers sind in ständiger, regelloser Bewegung. Mit zunehmender Temperatur des Wassers bewegen sich die Wasser-Teilchen immer schneller. Auch die Zucker-Teilchen, die dicht gepackt sind und ihren festen Platz im Zuckerkristall haben, schwingen stärker. Die Wasser-Teilchen prallen in warmem Wasser schneller und in gleicher Zeit häufiger auf die Zucker-Teilchen. Durch die stärkeren Schwingungen der Zucker-Teilchen im Kristall sind die Anziehungskräfte zwischen ihnen kleiner. Die äußeren Zucker-Teilchen werden daher in warmem Wasser schneller vom Teilchenverband gelöst als in kaltem Wasser.
Im Kandiszucker bilden alle Zucker-Teilchen eines großen Kandiskristalls einen einzigen, dicht gepackten Teilchenverband. Würfelzucker hingegen besteht aus vielen kleinen Zuckerkörnchen, die miteinander verklebt sind. Zwischen ihnen befinden sich viel größere Hohlräume, in die das Wasser eindringen kann, sodass der Würfelzucker in die Zuckerkörnchen zerfällt. Alle Zuckerkörnchen zusammen haben eine viel größere Oberfläche als ein einzelner Kandiskristall. In der gleichen Zeitspanne können so viel mehr Wasser-Teilchen auf die Zucker-Teilchen treffen und diese vom Teilchenverband ablösen. Daher löst sich Würfelzucker schneller auf als Kandiszucker.

3 Erläutere auf der Teilchenebene, weshalb man eine Suspension aus Wasser und Wasserfarbe mit einem sehr feinen Filter voneinander trennen kann, eine Lösung aus Tinte und Wasser hingegen nicht. Begründe unter Zuhilfenahme selbst erstellter Skizzen.
Zur Trennung eines Gemischs nutzt man die unterschiedlichen Eigenschaften der Mischungsbestandteile. Beim Filtrieren ist es die Partikelgröße. Wichtig ist auch die Porengröße des Filters.
Eine Suspension von Wasserfarbe mit Wasser ist ein heterogenes Stoffgemisch. Die Teilchen der Wasserfarbe bilden noch größere Teilchenverbände (Partikel). Diese Partikel sind größer als die Poren des Filters. Sie werden vom Filter zurückgehalten, während die Wasser-Teilchen den Filter passieren können. Die Wasserfarbe kann so vom Wasser getrennt werden.
Die Lösung aus Wasser und Tinte ist ein homogenes Stoffgemisch. Wasser- und Farbstoff-Teilchen liegen einzeln fein verteilt vor. Die einzelnen Teilchen sind klein genug, um die Poren des Filters zu passieren. Die Lösung kann nicht getrennt werden.

Filtration einer Suspension im Teilchenmodell

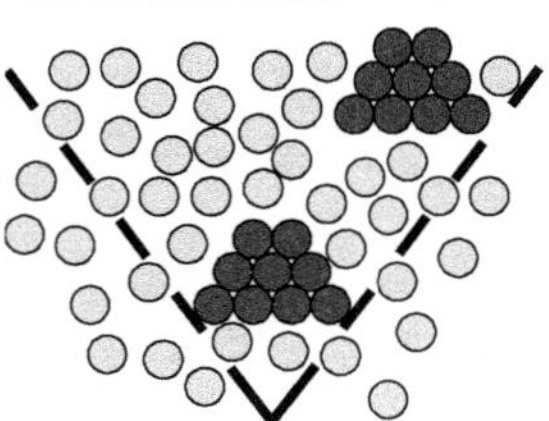

Filtration einer Lösung im Teilchenmodell

Seite 41: Zusammensetzung von Stoffgemischen

1 In 300 g Wasser werden 30 g Kochsalz gelöst. Berechne den Massenanteil an Kochsalz in Prozent in der Kochsalzlösung.
Gegeben: $m(\text{Kochsalz}) = 30\text{ g}$; $m(\text{Wasser}) = 300\text{ g}$
Gesucht: $w(\text{Kochsalz})$

Lösung: $$w(\text{Kochsalz}) = \frac{m(\text{Kochsalz})}{m(\text{Kochsalz}) + m(\text{Wasser})} \cdot 100\,\% = \frac{30\text{ g}}{30\text{ g} + 300\text{ g}} \cdot 100\,\% = \underline{\underline{9\,\%}}$$

Antwort: Der Massenanteil in der Kochsalzlösung beträgt 9 %.

2 Ermittle das Volumen Wasser, das mit 200 mL reinem Essig gemischt werden muss, damit eine 10%ige Essiglösung entsteht.
Eine 10%ige Essiglösung, die 200 mL Essig enthält, muss ein Gesamtvolumen von 2 000 mL haben. Für die Herstellung werden also 1 800 mL Wasser benötigt. Die Berechnung kann auch durch unten stehende Formel erfolgen.
Gegeben: $\varphi(\text{Essig}) = 10\,\% = 0{,}1$; $V(\text{Essig}) = 200\text{ mL}$
Gesucht: $V(\text{Wasser})$
Es gilt: $$\varphi(\text{Essig}) = \frac{V(\text{Essig})}{V(\text{Essig}) + V(\text{Wasser})}$$
Lösung: $$V(\text{Wasser}) = \frac{V(\text{Essig})}{\varphi(\text{Essig})} - V(\text{Essig}) = \frac{200\text{ mL}}{0{,}1} - 200\text{ mL} = \underline{\underline{1800\text{ mL}}}$$

Antwort: 200 mL reiner Essig müssen mit 1 800 mL Wasser gemischt werden, damit eine 10%ige Essiglösung entsteht.

Seite 44–45: Weitergedacht

Material A: Klassenarbeit zum Teilchenmodell

1 Erläutere, was man unter dem Begriff eines „kleinsten Teilchens" versteht.
Unter den „kleinsten Teilchen" versteht man die Teilchen eines Stoffs, die sich mit einfachen Mitteln nicht mehr weiter zerteilen lassen. Alle Stoffe sind aus kleinsten Teilchen aufgebaut. Sie können nur mit einem Elektronenmikroskop sichtbar gemacht werden. Die Eigenschaften eines Stoffs (Farbe, Dichte usw.) lassen sich diesen kleinsten Teilchen nicht zuordnen. Die kleinsten Teilchen eines Stoffs sind in ständiger Bewegung. Zwischen den kleinsten Teilchen eines Stoffs wirken Kräfte.

2 Beurteile, welche Abbildungen nach dem Teilchenmodell richtig bzw. falsch sind. Begründe deine Meinung (► A1).
Nach dem Teilchenmodell sind die Darstellungen **c** und **d** richtig: Im Modell ist die Form der Teilchen nicht erheblich, sofern in einer Darstellung immer dieselbe Teilchenform und Teilchengröße verwendet werden. Beide Darstellungen zeigen einige Pulverkörnchen des Schwefels. Jedes Körnchen besteht aus vielen Schwefel-Teilchen, die regelmäßig angeordnet sind. Die Farbe des Schwefels kann man ihnen jedoch nicht zuordnen, denn die Farbe des Schwefels entsteht erst, wenn viele Teilchen zusammengelagert sind. Für eine bessere Darstellung werden die Teilchen aber häufig in der Farbe des Stoffs eingefärbt.
Die Darstellung **a** ist falsch: Hier werden Schwefelkörner auf der Stoffebene dargestellt. Wären es Schwefel-Teilchen, dann müsste die Form und Größe gleich sein. Zudem sind sie nicht regelmäßig angeordnet, um den festen Aggregatzustand darzustellen.
Die Darstellung **b** ist ebenso falsch: Hier werden Stoff- und Teilchenebene vermischt. Es scheint so, dass die Schwefel-Teilchen von einem weiteren Stoff als Körnchen zusammengehalten werden, was nicht zutrifft. Zwischen den Teilchen selbst befindet sich nichts.

Hilfe: Wiederhole die Merkmale des Teilchenmodells. Vergleiche diese Merkmale mit den Abbildungen.

3 Entscheide, welche der Aussagen in ► A2 richtig oder falsch sind. Begründe jeweils deine Meinung.
Aussage **a** ist falsch: Ein einzelnes Wasser-Teilchen kann nicht fest oder flüssig sein. Nur Stoffportionen aus vielen kleinsten Teilchen haben einen Aggregatzustand.
Aussage **b** ist korrekt: Beim Erwärmen bewegen sich die Teilchen schneller. Werden die Schwingungen so stark, dass die Teilchen ihre festen Plätze verlassen können, existiert die regelmäßige Anordnung im Eis nicht mehr, das Eis schmilzt.
Aussage **c** ist falsch: Nur einer Stoffportion aus vielen Wasser-Teilchen kann eine Temperatur zugeordnet werden. Auf der Teilchenebene ist die ungeordnete Bewegung aller Teilchen ein Maß für Temperatur.
Aussage **d** ist ebenso falsch: Die kleinsten Teilchen eines Stoffs lassen sich mit einfachen Mitteln nicht weiter zerteilen. Daher können sie nicht kleiner werden, bis sie sich aufgelöst haben.

Hilfe: Beschreibe die Unterschiede der Aggregatzustände auf Teilchenebene und die Übergänge zwischen ihnen.

Beschreibe die Unterschiede auf Teilchenebene eines Stoffs bei zwei unterschiedlichen Temperaturen.

Material B: Dispersionsfarben

1 Leite aus den Aussagen zu den Dispersionsfarben eine weitere Bezeichnung für diese Farbe ab (► B2).
Dispersionen sind Stoffgemische. Es handelt sich um Emulsionen oder Suspensionen. Daraus leiten sich die Bezeichnungen Emulsionsfarben und Suspensionsfarben ab.

Hilfe: Pflanzenöl und Kunstharze sind in Wasser nicht löslich. Stoffgemische zweier nicht löslicher Stoffe sind heterogen.

2 Begründe den Hinweis, dass die Farbe vor ihrem Gebrauch gründlich umgerührt oder geschüttelt werden muss (► B1).
Ein Rühren oder Schütteln der Farbe vor Gebrauch ist erforderlich, damit eine gute Durchmischung der Bestandteile gewährleistet ist, da sich diese Stoffgemische leicht entmischen.

Hilfe: Dispersionsfarben sind Emulsionen oder Suspensionen. Emulsionen sind heterogene Stoffgemische aus zwei nicht ineinander löslichen Flüssigkeiten, die sich nach dem Mischen wieder trennen.
Suspensionen sind heterogene Stoffgemische aus einer Flüssigkeit und einem nicht löslichen Feststoff. Aufgrund der unterschiedlichen Dichte setzt sich der Feststoff nach dem Mischen am Boden des Gefäßes wieder ab.

3 Formuliere einen Vorschlag zur Reinigung benutzter Pinsel oder Farbrollen (► B1).
Reinigungsvorschlag: Benutzte Pinsel oder Farbroller mit klarem Wasser auswaschen. Das Wasser kann auch mit etwas Spülmittel versetzt werden.

Hilfe: Ein Bestandteil von Dispersionsfarben ist Wasser.

4 Skizziere den Aufbau einer Dispersionsfarbe im Teilchenmodell.
a Im umgerührten Zustand vor dem Auftragen

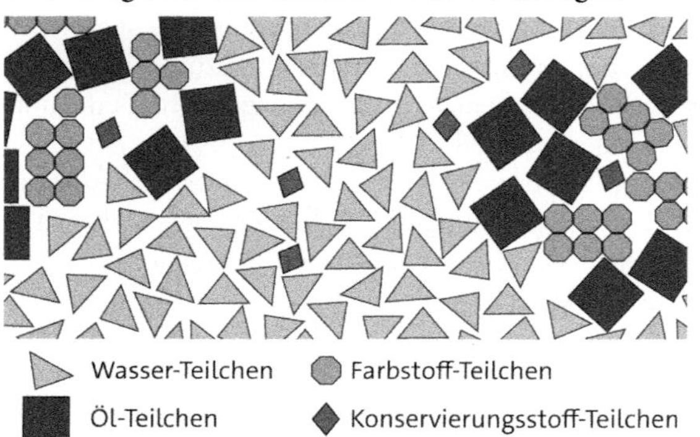

b Nach dem Trocknen an der Wand

Beim Trocknen verdunstet das Wasser und die Wasser-Teilchen verteilen sich in der Umgebungsluft. Die Farbstoff-Teilchen liegen nach dem Trocknen eng beieinander und werden von den Öl-Teilchen an der Wandoberfläche fixiert.

Material C: Warum kühlt ein Erfrischungstuch?

1 Fasse die wesentlichen Aussagen des Diagramms zusammen (► C2).
Der trockene Wattebausch verändert seine Temperatur während der gesamten Versuchsdauer nicht. Der mit Wasser getränkte Wattebausch kühlt innerhalb von 250 Sekunden von 17,2 °C auf 13,6 °C ab. Danach bleibt die Temperatur konstant bei 13,6 °C. Der mit Erfrischungswasser getränkte Wattebausch kühlt innerhalb von 170 Sekunden von 17,2 °C auf 11,7 °C ab. Er kühlt damit noch schneller und deutlich stärker ab als der mit Wasser getränkte Wattebausch.

2 Deute die Beobachtungen mithilfe deines Wissens über die Aggregatzustände und die Übergänge zwischen ihnen (► C1, C2).
Die mit Wasser bzw. Erfrischungswasser getränkten Wattebäusche trocknen mit der Zeit. Wasser und Erfrischungswasser gehen dabei vom flüssigen in den gasförmigen Zustand über. Beide Flüssigkeiten verdunsten (verdampfen).
Beim Verdunsten/Verdampfen müssen die Anziehungskräfte zwischen den Teilchen überwunden werden. Hierfür wird Energie benötigt, die der Umgebung als Wärme entzogen wird. Die Wattebäusche kühlen daher ab.
Bei beiden Flüssigkeiten wurde das gleiche Volumen verwendet. Daher kann man schließen, dass das Erfrischungswasser schneller verdunstet als das Wasser und die Umgebung in einer kürzeren Zeitspanne stärker abkühlt.
Da beim trockenen Wattebausch keine Verdunstung stattfindet, bleibt die Temperatur konstant.

3 Skizziere jeweils den Zustand der Wattebäusche nach 2 Minuten im Teilchenmodell (► C2).

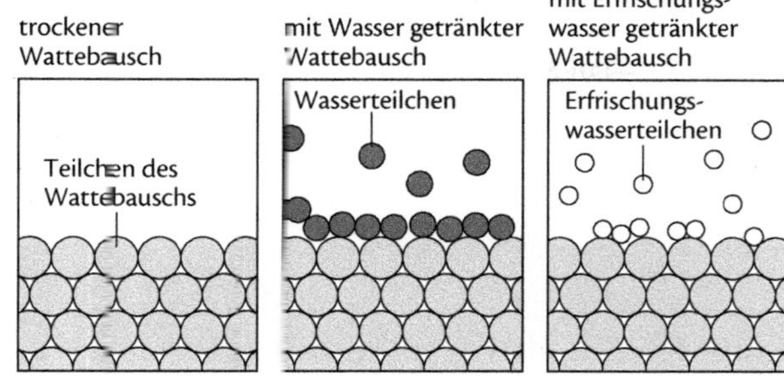

4 Erläutere die kühlende Wirkung von Erfrischungswasser im Zusammenhang.

Erfrischungswasser verdunstet sehr schnell. Dabei wird der Umgebung (z.B. der Haut, die mit dem Erfrischungstuch abgerieben wurde) Energie in Form von Wärme entzogen. Die Umgebung kühlt dabei schnell ab.

Material D: Flüssiggas = flüssiges Gas?

1 Erläutere, welcher Widerspruch sich in dem technischen Begriff „Flüssiggas" verbirgt.

Ein Gas kann nicht flüssig sein, es ist gasförmig. Gemeint ist hier, dass Flüssiggase bei Raumtemperatur unter geringem Druck verflüssigt und dann abgefüllt werden können.

2 Erkläre, weshalb Feuerzeuggas beim Betätigen des Feuerzeugventils gasförmig wird.

Wenn man das Ventil des Feuerzeugs öffnet, nimmt der Druck im Feuerzeug ab. Butan ist nur unter Druck eine Flüssigkeit. Bei vermindertem Druck wird es gasförmig und kann aus dem Feuerzeug ausströmen.

Hilfe: Die Siedetemperatur eines Stoffs hängt vom äußeren Luftdruck ab.

3 Zeichne eine Serie aus drei aufeinanderfolgenden Bildern im Teilchenmodell, welche die Herstellung von flüssigem Feuerzeuggas durch Druckeinwirkung verdeutlicht. Begründe deine Darstellung.

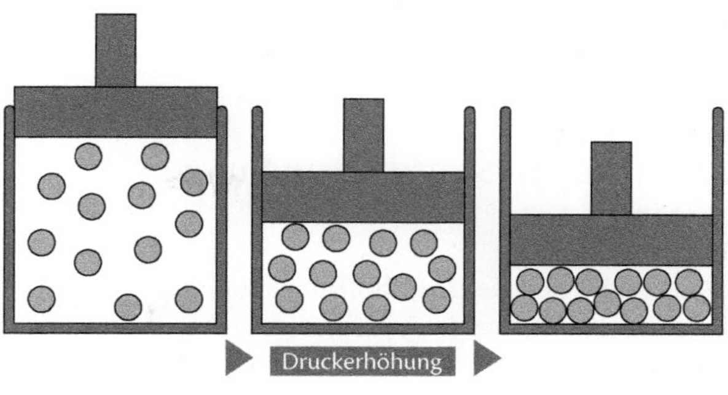

Im gasförmigen Zustand sind die kleinsten Teilchen weit voneinander entfernt. Sie bewegen sich sehr schnell. Wird der Druck erhöht, so verringert sich das Volumen des Gases. Die kleinsten Teilchen sind daher nicht mehr so weit voneinander entfernt. Bei sehr hohem Druck wird das Volumen des Gases so weit verkleinert, dass sich die kleinsten Teilchen des Butans berühren. Ihre Anordnung ist jedoch nicht regelmäßig. Zwischen den Teilchen können Kräfte wirken. Dies entspricht der Modellvorstellung des flüssigen Zustands. Durch Druckerhöhung kann ein Gas daher vom gasförmigen in den flüssigen Zustand übergehen.

Hilfe: Skizziere den festen, flüssigen und gasförmigen Aggregatzustand eines Stoffs im Teilchenmodell.
Beschreibe die Unterschiede zwischen den einzelnen Aggregatzuständen.

4 Berechne, wie groß das Volumen eines Behälters sein muss, um 780 mL gasförmiges Butan in verflüssigter Form (als Flüssiggas) zu speichern.

Verflüssigtes Butan besitzt ein Volumen, das etwa 250-mal geringer ist als im gasförmigen Zustand. Man muss daher folgende Berechnung durchführen:

$$V(\text{flüssiges Butan}) = \frac{1}{250} \cdot 780\ \text{mL} = \underline{\underline{3{,}12\ \text{mL}}}$$

Das verflüssigte Butan besitzt ein Volumen von 3,12 mL. Der Behälter muss daher mindestens ein Volumen von 3,12 cm^3 haben, damit das Gas in ihm gespeichert werden kann.

Chemische Reaktionen

Seiten 50–51: Stoffumwandlungen im Alltag

1 Nenne Merkmale einer Stoffumwandlung.

- Ausgangsstoffe werden weniger
- neue Stoffe mit anderen, bleibenden Eigenschaften (Farbe, Aggregatzustand, Schmelz- und Siedetemperatur, Dichte …) entstehen
- Wärme- und Lichterscheinungen, z. B. eine Temperaturzunahme

2 Entscheide, ob es sich bei den folgenden Vorgängen um Stoffumwandlungen handelt: Rosten von Nägeln, Grillen von Marshmallows, Lösen von Zucker in Wasser, Faulen von Obst.

Stoffumwandlung: Rosten von Nägeln, Grillen von Marshmallow, Faulen von Obst
Physikalischer Vorgang: Lösen von Zucker in Wasser

3 Notiere fünf verschiedene Vorgänge aus dem Alltag, von denen du annimmst, dass es sich um Stoffumwandlungen handelt. Begründe jeweils.

Offene Aufgabenstellung, z. B.: Das Braten von Fleisch ist eine Stoffumwandlung, da sich die Farbe, der Geschmack und das Aroma des Fleischs verändern. Dasselbe gilt für das Rösten von Marshmallows über einer Flamme oder das Toasten von Weißbrot. Bei der Verdauung von Nahrungsmitteln werden die Lebensmittelbestandteile in körpereigene Stoffe umgewandelt. Deshalb handelt es sich hierbei ebenfalls um eine Stoffumwandlung. Werden Milchprodukte sauer, zersetzen Milchsäurebakterien Bestandteile der Milch, d. h., es werden Stoffe umgewandelt.

4 Erkläre, dass ein abgebranntes Streichholz nicht erneut entzündet werden kann.

Durch das Abbrennen fand eine Stoffumwandlung statt. Die neu entstandenen Stoffe besitzen andere Eigenschaften und sind nicht brennbar.

5 Gibt man eine Muschelschale in Essig, entwickeln sich an der Schalenoberfläche kleine Gasbläschen. Deute diese Beobachtung.

Es findet eine Stoffumwandlung statt. Der Essig reagiert mit den Muschelschalen, wobei u. a. ein gasförmiger Stoff entsteht.

6 Recherchiere, wie aus Traubensaft Wein hergestellt wird. Begründe, dass eine Stoffumwandlung stattfindet.

Teilweise offene Aufgabenstellung. Mithilfe von Enzymen wird aus dem Traubenzucker im Traubensaft Ethanol hergestellt. Der Saft schmeckt hinterher nicht mehr süß und hat durch den entstandenen Alkohol eine andere Wirkung auf den Körper. Während des Vorgangs entsteht gasförmiges Kohlenstoffdioxid, das entweicht.

Seite 52–53: Stoffumwandlungen – chemische Reaktionen

1 Stelle für die ablaufenden Reaktionen von Exp. 8 (► S. 49) und Exp. 9 jeweils die Wortgleichungen auf.

Eisen (s) + Schwefel (s) → Eisensulfid (s)
Zink (s) + Schwefel (s) → Zinksulfid (s)

2 Erstelle für Exp. 2 und Exp. 3 (► S. 48) eine Tabelle mit charakteristischen Merkmalen der Ausgangsstoffe und Reaktionsprodukte. Begründe, ob sich auch für diese Versuche eine Wortgleichung aufstellen lässt.

Merkmal	Ausgangsstoffe		Reaktionsprodukt
Name	Milch	Citronensäure	Quark
Aggregatzustand	flüssig	fest	dickflüssig/fest
Farbe	weiß	weiß	weiß

Merkmal	Ausgangsstoffe		Reaktionsprodukt
Name	Gipspulver	Wasser	Gips
Aggregatzustand	fest	flüssig	fest
Farbe	weiß	farblos	weiß

Es findet eine Stoffumwandlung statt, deshalb kann auch eine Wortgleichung aufgestellt werden.
Milch (l) + Citronensäure (s) → Quark (s/l)
Gipspulver (s) + Wasser (l) → Gips (s/l)

Bei Exp. 3 ist die Stoffumwandlung nicht direkt erkennbar, da sowohl der Ausgangsstoff Gipspulver als auch das Reaktionsprodukt Gips weiße Feststoffe sind. Dennoch sind es nicht die gleichen Stoffe: Gips lässt sich im Gegensatz zu Gipspulver nicht mit Wasser mischen, Ausgangsstoffe und Reaktionsprodukt haben also verschiedene Eigenschaften.

Seite 54: Chemische Reaktionen unter der Lupe

1 Begründe, ob die Anordnung der Atome bei der Bildung von Eisensulfid oder bei der Bildung des Eisen-Schwefel-Gemischs erhalten bleibt.
Im Gemisch bleibt die Gruppierung der Atome erhalten, lediglich größere Verbände (z. B. Krümel) ordnen sich anders an. Sie sind durch Trennverfahren, z. B. durch einen Magneten, wieder trennbar. Im Eisensulfid sind die Atome der Ausgangsstoffe umgruppiert und halten verändert zusammen. Sie sind physikalisch nicht trennbar.

2 Erläutere die Notwendigkeit, zwischen der Stoffebene und der Teilchenebene zu unterscheiden.
Die Stoffebene zeigt die tatsächlich erfassbaren Phänomene, während die Teilchenebene hingegen eine Modellvorstellung ist, um diese Phänomene zu deuten. So kann die Eigenschaft Farbe durch die Anordnung und Art der Teilchen erklärt werden, jedoch haben die Teilchen im Modell selbst keine Farbe. Ohne Trennung zwischen Stoff- und Teilchenebene wären Kupfer-Atome rot, aber die blauschwarze Farbe des Kupfersulfids könnte nicht erklärt werden.

3 Nimm begründet Stellung zu folgenden Aussagen:
a Die kleinsten Teilchen bilden sich bei einer Reaktion aus den Atomen der Ausgangsstoffe.
Die Aussage ist falsch. Die Teilchen werden zu der Anordnung im Reaktionsprodukt umgruppiert und halten verändert zusammen.

b Die kleinsten Teilchen vermehren sich bei einer chemischen Reaktion.
Die Aussage ist falsch. Da Teilchen wie Atome nicht neu erschaffen werden können, können sie sich auch nicht vermehren.

c Die kleinsten Teilchen eines Elements sind gleich.
Die Aussage ist richtig, z. B. haben alle Schwefel-Atome die gleiche Masse und die gleiche Größe.

d Die kleinsten Teilchen können durch chemische Vorgänge weder erzeugt noch vernichtet werden.
Die Aussage ist richtig. Während einer chemischen Reaktion werden die Teilchen zu der im Reaktionsprodukt charakteristischen Anordnung umgruppiert. Ihre Anzahl bleibt erhalten.

Seite 56–57: Energie bei chemischen Reaktionen

1 Beschreibe das Energieschema der endothermen Reaktion (▸ 4).
Bei der endothermen Reaktion besitzen die Ausgangsstoffe weniger Energie als die Reaktionsprodukte. Dies ist daran zu erkennen, dass der Balken, der die Energie anzeigt, für die chemische Energie der Ausgangsstoffe kleiner ist als für die chemische Energie der Reaktionsprodukte. Die zusätzliche Energie wird aus der Umgebung aufgenommen. Auch das wird durch einen Energiebalken verdeutlicht. Die chemische Energie der Ausgangsstoffe und die aufgenommene Energie aus der Umgebung ergeben zusammen genau die chemische Energie der Reaktionsprodukte (Energieerhaltung).

2 Nenne Formen der Aktivierung für eine Knallerbse.
Werfen (Bewegungsenergie), Reiben (thermische Energie), Erhitzen (thermische Energie)

3 „Nicht jede Energieumwandlung ist eine chemische Reaktion.“ Nimm Stellung zu dieser Aussage und beziehe dich dabei auch auf ▸ 6.
Die Aussage ist korrekt. Das Antreiben einer Turbine und die daraus gewonnene elektrische Energie ist eine Umwandlung von thermischer in mechanische und anschließend in elektrische Energie. Eine Stoffumwandlung findet bei diesen Schritten nicht statt.

Seite 58–59: Chemie erlebt – Licht, Strom, Bewegung – Begleiter chemischer Reaktionen

1 Finde Beispiele für Licht aus Verbrennungsprozessen und Beispiele für kaltes Licht.
Licht aus Verbrennung: Verbrennung von Benzin, Magnesium oder Holz
Kaltes Licht: Knicklichter, Biolumineszenz (Qualle, Algen, Leuchtkäfer wie das Glühwürmchen)

2 Erstelle eine Anleitung zum Gebrauch der Blitzlichtlampe.
- Sockel mit Magnesiumpulver füllen.
- Dauerflamme entzünden.
- Handblasebalg bedienen, damit das Magnesiumpulver in die Dauerflamme gewirbelt wird und sich vor dem Streuspiegel entzündet.

3 Erläutere, wie die selbst gebaute Minirakete funktioniert.
Die Brausetablette reagiert mit dem Wasser in der Filmdose. Dabei entsteht ein Gas. In der verschlossenen Dose bildet sich ein Überdruck, weil das Gas nicht entweichen kann. Überschreitet dieser Druck ein bestimmtes Maß, wird die Dose schlagartig aufgedrückt. Das Gas dehnt sich aus und der Rückstoß lässt die Dose abheben.

4 Entwickle eine beschriftete Zeichnung des ersten Verbrennungsmotors. Kennzeichne durch Pfeile, welche Teile beweglich sind.

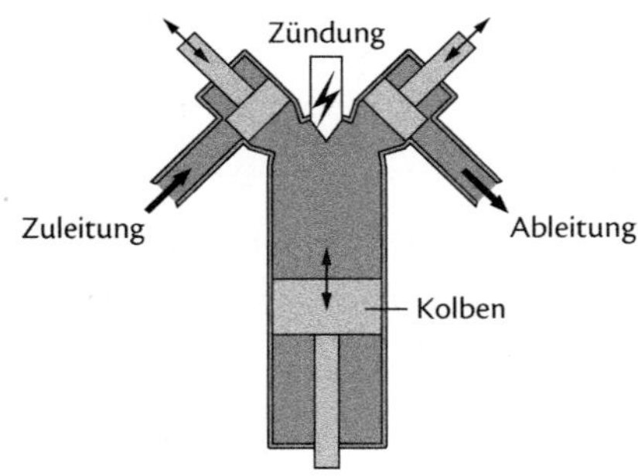

Seite 60–61: Chemische Reaktion und Zeit

1 Nenne jeweils sechs Beispiele zu schnellen und zu langsamen chemischen Reaktionen.
Offene Aufgabenstellung.
schnell: Eisenwolle und Magnesiumband reagieren mit Sauerstoff, Magnesium reagiert mit Salzsäure, Zink und Kupfer reagieren mit Schwefel, ein Feuerwerk brennt ab, Erdgas verbrennt, Benzin verbrennt im Motor
langsam: Eisen rostet, Silber läuft an, Nahrung wird verdaut, Eisen reagiert mit Salzsäure, Haare werden blondiert, Selbstbräuner reagiert, Milch wird sauer, Kerzenwachs verbrennt

2 Beschreibe ▸ 4 mit eigenen Worten.
Aus dem Energiediagramm ist zum einen ablesbar, dass die Energie der Ausgangsstoffe vor der Reaktion größer ist als die Energie in den Reaktionsprodukten. Die Differenz wird z. B. als Wärme während der Reaktion freigesetzt. Zudem erkennt man, dass durch die Verwendung eines Katalysators die Aktivierungsenergie für die Reaktion verringert werden kann: Die aktivierten Stoffe haben bei einer Reaktion mit Katalysator eine geringere Energie als die aktivierten Stoffe ohne Katalysator.

3 Schon im Altertum wurden Weintrauben und süße Flüssigkeiten vergoren, ohne dass die Menschen etwas von den Reaktionsbedingungen wussten. Erläutere.
Bei der Weinbereitung aus Weintrauben und süßen Flüssigkeiten handelt es sich vermutlich um eine zufällige Entdeckung. Aber man fand bereits im Altertum heraus, dass beim Vergären der Früchte der Zutritt von Luft vermieden werden musste, dass Wärme den Vorgang beschleunigte und der Zucker der Früchte in Alkohol umgewandelt wurde.

Seite 64–65: Weitergedacht

Material A: Die Solfatara

1 Formuliere die Wortgleichung zu dem beschriebenen chemischen Vorgang im Text (▸ A1).
Silber (s) + Schwefel (s) $\rightarrow$ Silbersulfid (s) | exotherm

2 Skizziere einen Versuchsaufbau, mit dem der im Text beschriebene Vorgang im Experiment nachgestellt werden kann.

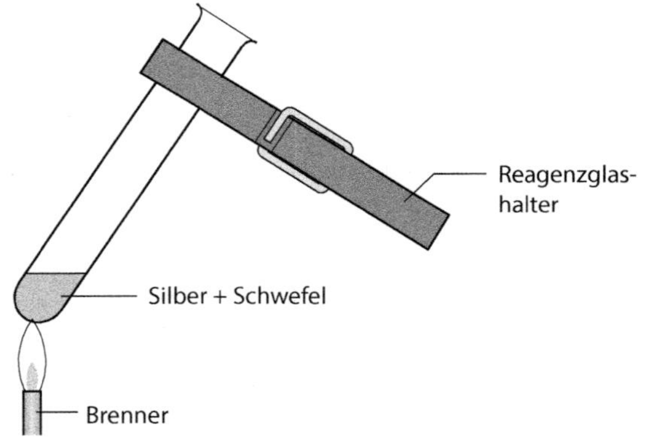

Hilfe: Für das Experiment benötigt man nur Reagenzglas und -halter sowie Bunsenbrenner.

3 Aluminiumdosen von Getränken würden auch nach Jahren in der Schwefeldampfsauna ihr ursprüngliches Aussehen behalten.
a Erläutere anhand des Energiediagramms (▸ A2).
Vor der Reaktion haben die Ausgangsstoffe Aluminium und Schwefel eine bestimmte chemische Energie. Um das Reaktionsprodukt Aluminiumsulfid zu bilden, muss Aktivierungsenergie zugeführt werden. Dadurch erreichen die Ausgangsstoffe den aktivierten Zustand. Die chemische Energie des Reaktionsprodukts Aluminiumsulfid ist geringer als die chemische Energie der Ausgangsstoffe.

Das Diagramm zeigt, dass relativ viel Aktivierungsenergie hinzugeführt werden muss. In der Schwefeldampfsauna ist nicht genügend Wärmeenergie vorhanden, um die Ausgangsstoffe in den reaktionsbereiten Zustand zu versetzen. Die Reaktion kann in der Schwefeldampfsauna von alleine nicht ablaufen.

b Übertrage das Diagramm in dein Heft und ergänze die Angaben für die Reaktion von Silber mit Schwefel. Nutze dazu die Hinweise im Text.

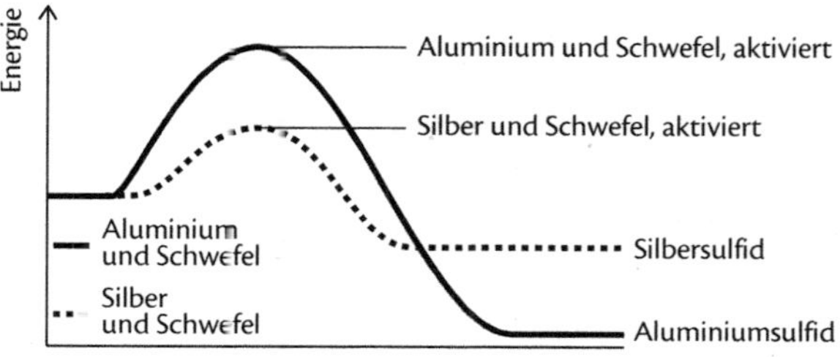

Material B: Ein chemischer Feuchteanzeiger

1 Formuliere eine Wortgleichung zum im Text beschriebenen Vorgang.
wasserfreies Cobaltchlorid + Wasser ⟶ wasserhaltiges Cobaltchlorid
oder
wasserhaltiges Cobaltchlorid ⟶ wasserfreies Cobaltchlorid + Wasser

2 Vergleiche die Eigenschaften der Ausgangsstoffe und Reaktionsprodukte.

Eigenschaft	Ausgangsstoffe		Reaktionsprodukte
	wasserfreies Cobaltchlorid	**Wasser**	**wasserhaltiges Cobaltchlorid**
Aggregatzustand	fest	flüssig	fest
Farbe	blau	farblos	rosa

3 Begründe, ob eine Farbänderung eintritt, wenn man die Figur auf eine Heizung stellt.
Die Figur wird die Farbe von rosa nach blau ändern. Durch die Wärme der Heizung verdunstet das Wasser, sodass aus dem wasserhaltigen Cobaltchlorid das wasserfreie Cobaltchlorid entsteht.

Material C: Natürlich blond?

1 Nenne Merkmale, mit denen man belegen kann, dass es sich beim Blondieren um eine chemische Reaktion handelt (▶ C1).
Schon beim Herstellen der Creme kann einer Erwärmung, die auf eine Energieumwandlung hindeutet, beobachtet werden. Beim Blondieren findet eine Stoffumwandlung statt: Die Farbe und die Beschaffenheit des Haars verändern sich dauerhaft.

Hilfe: Chemische Reaktionen sind gekennzeichnet durch Stoff- und Energieumwandlung.

2 a Erläutere anhand der Abbildung, was während des Blondierens geschieht (▶ C2).
Während des Blondierens reagieren die dunklen Pigmente des Haars mit der Blondierungscreme und werden dabei in farblose Stoffe umgewandelt, sodass das Haar insgesamt deutlich heller aussieht.

b Diskutiere die Rolle des Wärmestrahlers.
Der Wärmestrahler kann zwei Funktionen einnehmen: Die meisten Stoffumwandlungen verlaufen bei höheren Temperaturen schneller, sodass die Wärme des Strahlers das Blondieren beschleunigt. Das Blondieren könnte auch eine endotherme Reaktion sein, die erst durch die Energie des Wärmestrahlers ermöglicht wird.

3 Stelle eine begründete Vermutung darüber auf, wie es bei einer Blondierung auch zu einem rotstichigen Farbton des Haars kommen kann.
Beim Blondieren werden die dunklen Farbpigmente des Haars nach und nach zerstört. Zu einem roten Farbton kann es kommen, wenn die Creme zu früh ausgespült oder zu wenig Creme verwendet wird, sodass in beiden Fällen zu wenig dunkle Farbpigmente zerstört wurden.

Hilfe: Chemische Reaktionen laufen unterschiedlich schnell ab.

Material D: „Hot Can®" – die selbsterwärmende Dose

1 Zeichne anhand der Informationen den Querschnitt durch eine „Hot-Can".

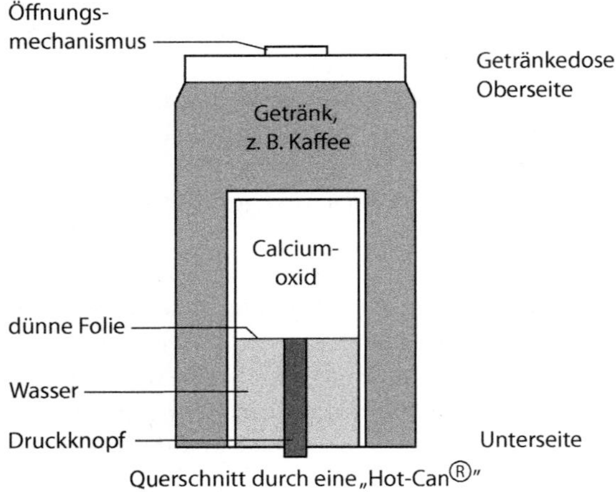

Querschnitt durch eine „Hot-Can®"

2 Begründe, dass es sich bei den selbsterwärmenden Dosen um die Nutzbarmachung einer chemischen Reaktion handelt.

Es handelt sich bei dem Vorgang in der selbsterwärmenden Dose um eine chemische Reaktion, da aus zwei Ausgangsstoffen (Calciumoxid und Wasser) ein neuer Stoff gebildet wird (Calciumhydroxid) und dabei Energie in Form von Wärme freigesetzt wird. Damit sind zwei Kennzeichen einer chemischen Reaktion erfüllt: Stoff- und Energieumwandlung.

Die bei dieser Reaktion freigesetzte Wärme wird genutzt, um die Flüssigkeit in der Dose (z. B. Kaffee) zu erhitzen.

Hilfe: Chemische Reaktionen sind gekennzeichnet durch Stoff- und Energieumwandlung.

3 Formuliere die Wortgleichung der Reaktion.

Wasser + Calciumoxid → Calciumhydroxid | exotherm

4 Entwickle für den Vorgang ein entsprechendes Energiediagramm.

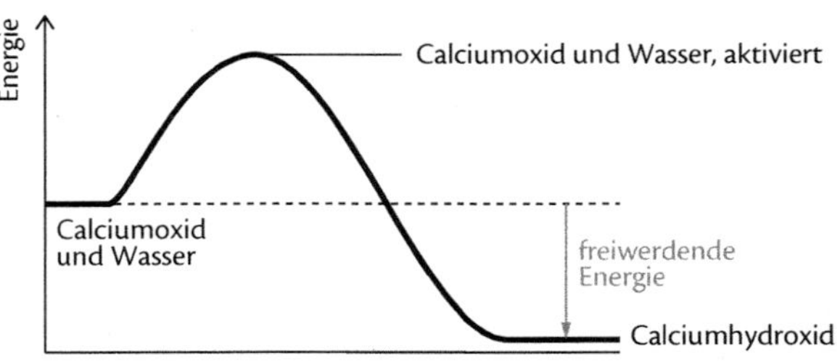

Wasser

Seite 68–69: Chemie erlebt – Wasser ist Leben

1 Finde heraus, wofür die rund 130 Liter Wasser pro Kopf in Deutschland verwendet werden, und gib dies in einem Kreisdiagramm wieder.
Offene Aufgabenstellung. Die Angaben können sich je nach Quelle unterscheiden: 40 L Toilette, 37 L Duschen/Baden, 17 L Wäsche, 10 L Körperpflege, je 8 L Geschirrspülen und Putzen, 5 L Garten und 3 L Kochen/Trinken.

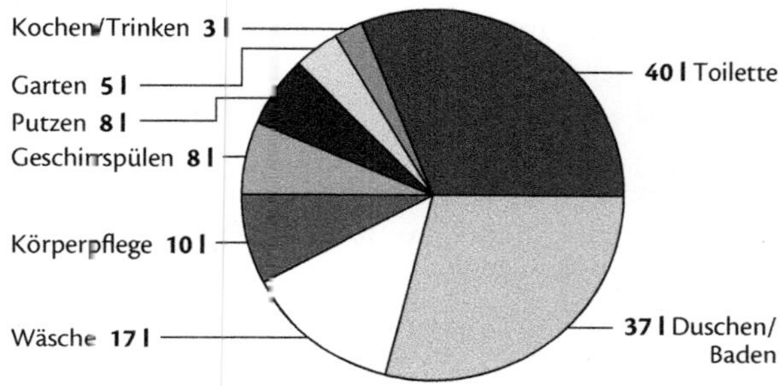

2 Informiere dich über die vier Hauptaufgaben, die Wasser im menschlichen Organismus übernimmt.
1. Wärmeregulator (Schweiß), 2. Löse- und Transportmittel, 3. „Baustoff" zum Wachsen und 4. Zellneubildung

3 Stelle den Wasserverbrauch für die Kartoffelproduktion von Ägypten und Deutschland gegenüber (► 5) und nenne Gründe für die Unterschiede. Werte dazu auch ► 6 aus.
In Deutschland werden pro kg Kartoffeln insgesamt 119 L und in Ägypten 423 L virtuelles Wasser verbraucht. Dabei macht der Wasseranteil an natürlichem Wasser (grünem virtuellem Wasser) in Deutschland rund 71 %, in Ägypten unter 5 % aus. Der Grund für diesen großen Unterschied liegt in den Niederschlagsmengen, die in Niedersachen mit im Schnitt 70 L pro Monat in den Sommermonaten schon fast zur Bewässerung ausreichen. Es muss nur wenig künstlich bewässert werden. Im Gegensatz dazu fällt in den Sommermonaten in Ägypten fast gar kein Niederschlag, sodass hier viel mehr bewässert werden muss.
Die Sommermonate in Ägypten sind mit sehr viel mehr Sonnenstunden auch viel heißer. So wird für die Bewässerung (Niederschlag und künstliche Bewässerung) mehr als 3-mal so viel Wasser verbraucht als in Deutschland.
Für den Anteil des grauen virtuellen Wassers fallen prozentual in beiden Ländern ähnlich hohe Wasserverbräuche an (Deutschland 23 %, Ägypten 27 %). Allerdings macht dies in Ägypten schon fast die Menge an Wasser aus, die in Deutschland als Gesamtverbrauch anfällt. Dies liegt wahrscheinlich an den langen Transportwegen und den zum Bewässern verwendeten Maschinen.

Seite 72–74: Trennen von Stoffgemischen

1 Vergleiche die Trennverfahren Dekantieren und Filtrieren miteinander. Erläutere Vor- und Nachteile beider Verfahren. (Seite 73)

Trennverfahren	Dekantieren	Filtrieren
Zu trennendes Stoffgemisch	flüssig–fest	flüssig–fest
Zur Trennung genutzte Eigenschaft	Dichte des Feststoffs	Partikelgröße des Feststoffs
Qualität der Trennung	einzelne Stoffe werden nur grob getrennt	gute Trennung der festen und flüssigen Stoffe

Das Dekantieren ist ein einfaches und schnell durchführbares Trennverfahren, da lediglich zwei Gefäße, z. B. Bechergläser, zum Abgießen notwendig sind. Das Dekantieren hat jedoch den Nachteil, dass die Trennung nicht komplett gelingt. Man schüttet nur einen Teil des flüssigen Stoffs ab, der Bodensatz bleibt mit einem Rest der Flüssigkeit im Gefäß zurück. Am Ende liegt meist immer noch ein unvollständig getrenntes Gemisch vor. Das Dekantieren ist demnach keine genaue Trennmethode.
Das Filtrieren ist eine genaue Trennmethode, weil der feste Stoff aufgrund seiner Partikelgröße vom Filter vollständig zurückgehalten wird. Der Filterrückstand kann anschließend getrocknet und ggf. weiterverwendet werden. Der durchgelaufene flüssige Stoff, das Filtrat, ist frei von festen Stoffen.

2 Nenne drei Beispiele für Trennverfahren im Alltag. Gib die Stoffeigenschaft an, die zur Trennung genutzt wird. (Seite 73)

Beispiel	Trennverfahren	Eigenschaft
Abwasserreinigung	Sedimentation	Dichte
Milchentrahmung	Zentrifugieren	Dichte
Weinbrennen	Destillation	Siedetemperatur
Fettgewinnung	Extraktion	Löslichkeit
Schwefelgewinnung	Ausschmelzen	Schmelztemperatur

Beispiel	Trennverfahren	Eigenschaft
Müllsortierung	Magnettrennung	Magnetismus
Farbstoff-trennung	Chromatografie	Löslichkeit

3 Beschreibe den Aufbau einer Destillationsapparatur (▶ 5). (Seite 73)
Die Destillationsapparatur setzt sich aus folgenden Geräten zusammen: Brenner, Dreifuß, Keramikdrahtnetz, Destillierkolben mit Thermometer, Kühler, Auffanggefäß (Vorlage). Zwischen Keramikdrahtnetz und Kolben muss ein Abstand sein. Der Kühlwasserzulauf erfolgt von unten, der Kühlwasserzulauf von oben.

4 Recherchiere die Funktionsweise der Meerwasserentsalzungsanlage Dschabal Ali in Dubai. Vergleiche mit einer Destillation von Salzwasser. Bereite eine Präsentation deiner Ergebnisse vor. (Seite 73)

Offene Aufgabenstellung.

- Die Funktionsweise beruht auf dem Verdampfen (Verdunsten) des Meerwassers mithilfe von zugeführtem heißem Dampf.
- Der heiße Dampf wird mithilfe eines Gas-und-Dampfturbinen-Kraftwerks erzeugt.
- Das Verdampfen des Meerwassers erfolgt in mehreren, hintereinanderliegenden großen Kammern.
- In den Kammern treffen der heiße Dampf aus der Stromproduktion und das kühle Meerwasser zusammen, wobei beide Bereiche durch eine dünne Oberfläche getrennt sind.
- Das Meerwasser erhitzt sich auf über 100 °C.
- In den Kammern herrscht Unterdruck, deshalb verdampft das Meerwasser schlagartig (Fachbegriff: mehrstufige Entspannungsverdampfung).
- Der Wasserdampf schlägt sich an kühlenden Rohren nieder und kondensiert. Das reine Wasser tropft in ein Auffangbecken und wird als Frischwasser gesammelt.
- Von Kammer zu Kammer sinkt der Flüssigkeitsspiegel und gleichzeitig steigt der Salzgehalt des nicht verdampften Meerwassers kontinuierlich an. Schließlich wird die Sole wieder ins Meer geleitet.

Vergleich der Meerwasserentsalzungsanlage mit einer Destillation von Salzwasser.
Gemeinsamkeiten:

- Bei beiden Verfahren wird das gleiche Stoffgemisch eingesetzt: eine Lösung aus Wasser und Salz (die neben Kochsalz gelösten weiteren Salze im Meerwasser werden nicht betrachtet).
- Salzwasser und Meerwasser werden so lange erhitzt, bis die Siedetemperatur des Wassers erreicht ist.
- Bei der Destillation sowie in der Meerwasserentsalzungsanlage wird der Wasserdampf abgekühlt und kondensiert. Das entstehende Wasser, das Destillat, wird in der Meerwasserentsalzungsanlage in einem Auffangbecken bzw. bei der Destillation in der Vorlage gesammelt.

Unterschiede:

- Bei der Meerwasserentsalzungsanlage wird mit Unterdruck und einer höheren Siedetemperatur von Wasser (T > 100 °C) gearbeitet, um den Prozess der Frischwassergewinnung zu beschleunigen. Die Destillation erfolgt bei Normaldruck.
- Bei der Meerwasserentsalzungsanlage wird die Stofftrennung nicht bis zum Abscheiden des festen Salzes durchgeführt, sondern es bleibt eine stark salzhaltige flüssige Lösung (Sole) übrig. Die Destillation erfolgt oft bis zum vollständigen Verdampfen der Lösung, sodass die gelösten festen Stoffe zurückgewonnen werden können.

Hinweis: Weitere Rechercheergebnisse zur Funktionsweise der Meerwasserentsalzungsanlage finden sich in den Internet-Suchmaschinen unter „Jebel Ali" (englische Bezeichnung für Dschabal Ali).

1 Recherchiere weitere Chromatografieverfahren und beschreibe ein Verfahren genauer. (Seite 74)
Individuelle Lösung. Beispiele: Dünnschichtchromatografie, Gaschromatografie, Säulenchromatografie, Hochleistungsflüssigkeitschromatografie (HPLC).
Dünnschichtchromatografie: Bei diesem Verfahren werden dünne Folien mit einem saugfähigen Material, z. B. Kieselgel, beschichtet, das als unbewegliche Phase dient. Die Stofftrennung erfolgt ähnlich wie bei der Papierchromatografie. Mithilfe der Dünnschichtchromatografie gelingt es, sehr geringe Mengen von Stoffgemischen zu trennen. Dieses Verfahren wird zur Analyse in der Lebensmittelchemie, der Pharmakologie und der Umweltanalytik angewendet. In der Kriminalistik können mit diesem Verfahren Körperflüssigkeiten von Leichen auf Gifte, Drogen oder Betäubungsmittel untersucht werden.

Seite 77: Wasser – reiner Stoff oder Stoffgemisch

1 Begründe die Aussage: Wasser ist nicht gleich Wasser.
Das Wort Wasser wird mehrdeutig verwendet. Deshalb ist damit ebenso reines Wasser wie Flusswasser, Meerwasser oder auch andere Wässer wie Tafelwasser oder Mineralwasser gemeint. Alle diese Wässer haben eine unterschiedliche Zusammensetzung, weshalb Wasser nicht gleich Wasser ist.

2 Im Winter können Wasserrohre bersten, wenn das in ihnen enthaltene Wasser gefriert. Erläutere diesen Sachverhalt.
Gefriert Wasser, dehnt es sich aufgrund der Dichteanomalie aus. Gefrorenes Wasser (Eis) nimmt also ein größeres Volumen ein als die gleiche Menge flüssiges Wasser. Steht das Wasser in den Rohren, können die durch die Volumenausdehnung entstehenden Kräfte Rohre zum Bersten bringen.

Seite 78–79: Chemie erlebt – Wie sauber ist mein Badesee?

1 Führe selbst einige Untersuchungen zur Erforschung der Qualität eines Gewässers durch. Präsentiere deine Ergebnisse.
Offene Aufgabenstellung.

2 Ordne anhand deiner Ergebnisse das von dir untersuchte Gewässer einer Güteklasse zu (► 2).
Offene Aufgabenstellung.

3 Vergleiche deine Ergebnisse mit Literaturangaben, die du für das Gewässer (oder ähnliche Gewässer) recherchieren konntest.
Offene Aufgabenstellung.

Seite 80–81: Trinkwasser und Abwasser

1 In verschiedenen Ländern wird aus Salzwasser Trinkwasser gewonnen. Formuliere Vermutungen über Möglichkeiten einer Umsetzung mit einfachen Mitteln.
Weithals-Erlenmeyerkolben etwa zu einem Viertel seines Volumens mit Salzwasser füllen. Kolben mit der Salzlösung auf einem Dreifuß mit Keramiknetz erhitzen. Wenn das Wasser siedet, ein mit Eis gefülltes, großes Reagenzglas unmittelbar über die Öffnung des Erlenmeyerkolbens halten, bis kondensiertes Wasser heruntertropft. Einige Tropfen des Wassers mit einem sauberen Esslöffel auffangen.

Hinweis: Das Experiment kann als Hausexperiment aufgegeben werden, dann können die Schüler das Wasser vorher und nachher kosten.

2 Abwasser muss immer einer Kläranlage zugeführt werden. Begründe die Notwendigkeit dieser Maßnahme.
Abwasser enthält mechanische, chemische und biologische Verunreinigungen, die nicht in natürliche Gewässer gelangen dürfen. Natürliche Gewässer besitzen eine bestimmte Selbstreinigungskraft. Diese würde durch die anfallende Menge an Abwasser überfordert werden, was zum Absterben der Gewässer führen könnte.

3 Recherchiere, welche Kläranlage für die Reinigung häuslicher Abwässer in deinem Heimatort zuständig ist. Gib die dort vorhandenen Reinigungsstufen an.
Offene Aufgabenstellung.

Seite 84–85: Weitergedacht

Material A: Modellkläranlage

1 Übernimm ► A1 in deinen Hefter und vervollständige den Versuchsaufbau für die Modellkläranlage.

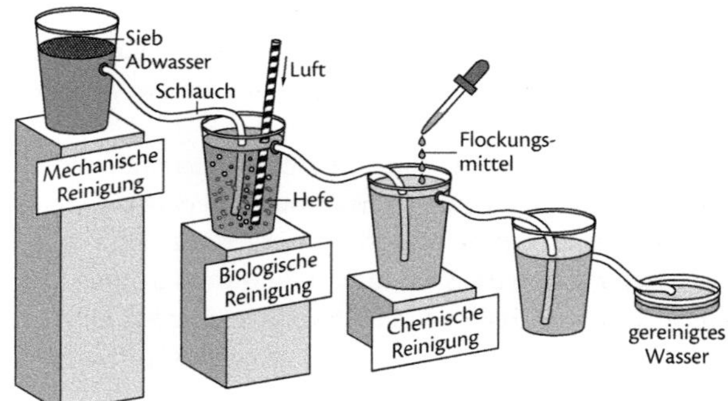

2 Beschrifte den Versuchsaufbau und kennzeichne die verschiedenen Reinigungsstufen. Beschreibe die dort ablaufenden Vorgänge.
Beschriftung siehe Skizze. Jeder Becher steht für eine Reinigungsstufe im Klärwerk.
Mechanische Reinigungsstufe: Über ein Sieb werden grobe Verunreinigungen abgetrennt. Feste, feinkörnige Bestandteile setzen sich am Grund des Becherbodens ab.
Biologische Reinigungsstufe: Mithilfe des Sauerstoffs aus der Luft können die Pilze in der Hefe biologische Verunreinigungen zersetzen.
Chemische Reinigungsstufe: Mithilfe eines Flockungsmittels, z.B. Eisen(III)-chlorid, werden chemische Verunreinigungen ausgefällt. Im anschließenden Absetzbecken wird das Wasser geklärt und kann gereinigt in die Petrischale geleitet werden.

3 Erläutere, dass die Schläuche bis zu den Becherböden reichen müssen.
Die Schläuche müssen bis zu den Becherböden reichen, um eine gute Reinigung der Flüssigkeiten zu erreichen. Würden die Schläuche das Wasser auf die Wasserober-

fläche leiten, würde das ungereinigte Wasser sofort in die nächste Reinigungsstufe laufen.

Material B: Wasser als Lebensgrundlage

1 Stelle den Wasserverbrauch des Menschen grafisch dar (► B1).

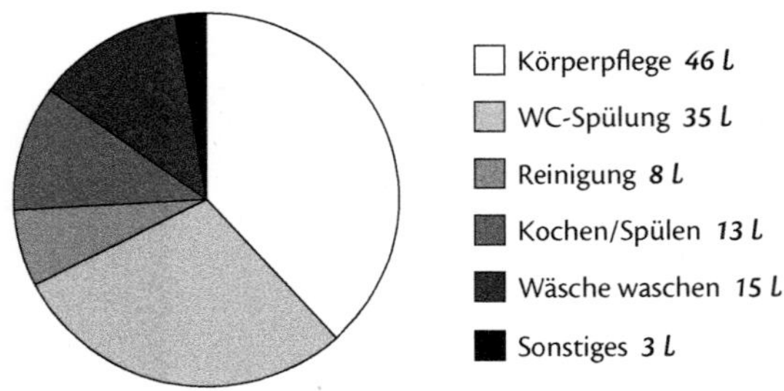

2 Erläutere mithilfe des Diagramms, dass ein Aquariumsbesitzer auf die Temperatur des Wassers achten muss (► B3).
Fische benötigen zum Überleben den Sauerstoff, der im Wasser gelöst ist. Aus dem Diagramm ist ersichtlich, dass die Löslichkeit von Sauerstoff in Wasser mit der Temperatur stetig abnimmt. So sind in 5 °C warmem Wasser etwas mehr als 12 mg/L Sauerstoff gelöst, während in 20 °C warmem Wasser nur noch 9 mg/L Sauerstoff gelöst sind. Damit Fische im Wasser mit ausreichend Sauerstoff versorgt sind, ist es daher notwendig, die Temperatur zu kontrollieren, damit sich das Wasser z. B. an heißen Tagen im Sommer nicht zu stark erwärmt.

Hilfe: Auch Fische benötigen Sauerstoff zum Atmen. Fische atmen den im Wasser gelösten Sauerstoff.

3 Formuliere begründete Vermutungen darüber, welche Auswirkungen der Anstieg der Wassertemperatur auf relativ flache stehende Gewässer im Sommer haben könnte (► B3).
Die Löslichkeit von Sauerstoff nimmt mit steigender Temperatur im Sommer in flachen Gewässern besonders stark ab. Das kann Fischsterben und Sterben anderer Wasserlebewesen zur Folge haben. Sie können infolge des Sauerstoffmangels ersticken.

Hilfe: Auch Fische benötigen Sauerstoff zum Atmen. Fische atmen den im Wasser gelösten Sauerstoff.

4 Entwickle eine Hypothese zum Aufbau eines dreidimensionalen Nebelfängers. Berücksichtige dabei, dass der Nebelfänger bei starkem Wind nicht reißen oder umfallen sollte (► B2).
Der Nebelfänger sollte eine möglichst große Oberfläche haben, auf der sich die Wassertropfen absetzen können. Gleichzeitig muss der Nebelfänger den Wind durchlassen, damit er möglichst stabil stehen kann. Am geeignetsten erscheint deshalb ein Netz mit möglichst kleinen Maschen, aus einem reißfesten, rauen Kunststoff.

Material C: Salzgewinnung aus Meerwasser

1 Erstelle aus den Messwerten ein geeignetes Diagramm (► C2).

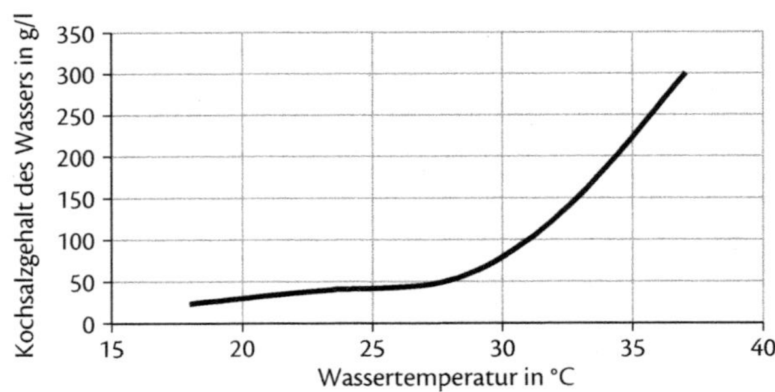

Hilfe: Erstelle ein x-y-Diagramm. Trage die Temperatur auf der x-Achse ab und den Kochsalzgehalt auf der y-Achse. Trage die Punkte in das Diagramm ein und verbinde sie.

2 Erläutere jeden Schritt zur Gewinnung von Salz aus Meerwasser auf der Stoffebene unter Angabe der entsprechenden Trennverfahren (► C1).
Sedimentieren: In großen Sammelbecken setzen sich feste Bestandteile des Meerwassers wie Sand oder abgestorbenes Plankton ab. Sie haben eine größere Dichte als Wasser und sinken daher zu Boden.
Eindampfen: Durch Erwärmung des Wassers im Sammelbecken verdunstet bereits ein Teil des Wassers. Der Salzgehalt des Meerwassers erhöht sich dadurch.
Eindampfen: In immer flacher werdenden Becken (kleines Sammelbecken, Verdunstungsbeete) erwärmt sich das Meerwasser durch die Sonneneinstrahlung zunehmend und verdunstet immer weiter. Dabei erhöht sich auch der Salzgehalt des Wassers weiter.
Eindampfen: Zuletzt fließt das Wasser in die 2–3 cm tiefen Salzbeete. Da das Salz nur in einer bestimmten Masse in Wasser löslich ist, kristallisiert das Salz bei weiterem Verdunsten des Wassers aus, da diese Masse überschritten wurde. Das Wasser in den Salzbeeten ist gesättigt bzw. übersättigt. Hier kann das auskristallisierte Salz abgeerntet werden.

3 Die Salzkristalle aus den Salzbeeten lassen sich zusammenschieben, obwohl sich noch Wasser in den Becken befindet (► C1).

a Skizziere Darstellungen im Teilchenmodell von Meerwasser und dem Gemisch in den Salzbeeten.

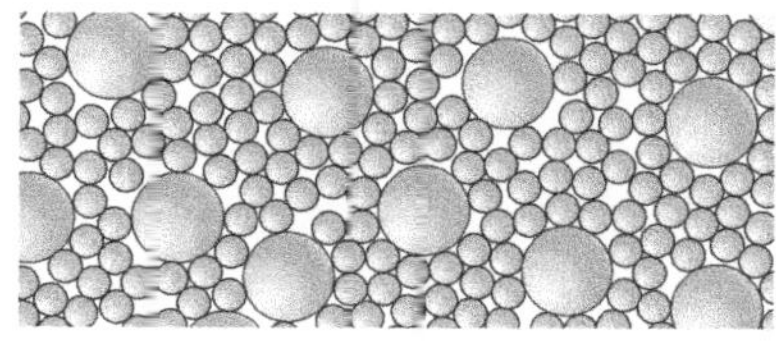

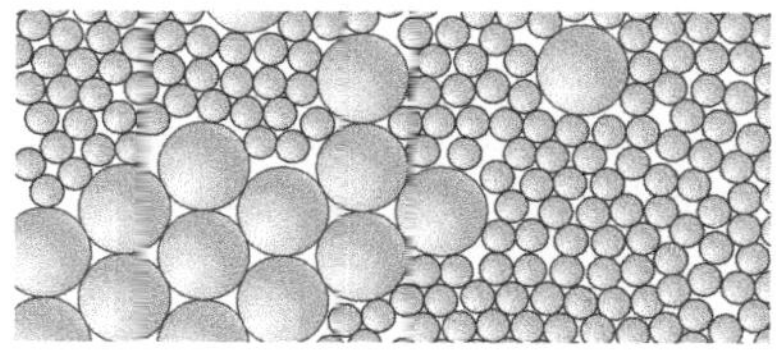

b Erkläre das oben beschriebene Phänomen mithilfe deiner Darstellungen.

In einem Liter Wasser kann sich nur eine bestimmte Masse an Salz lösen. Durch das Verdunsten geht immer mehr Wasser in die Gasphase über, es befinden sich immer weniger Wasser-Teilchen in der Lösung. Irgendwann gibt es nicht mehr genug Wasser-Teilchen, dass sich die Salz-Teilchen darin verteilen können, sie bilden kleine Verbände von Salz-Teilchen, die immer größer werden, je mehr Wasser verdunstet. Wenn die Salzkristalle sichtbar sind, lassen sie sich zusammenschieben.

Material D: Lavendelöl – ein Duftstoff

1 Erläutere das Verfahren der Wasserdampfdestillation zur Gewinnung des Lavendelöls auf der Stoff- und auf der Teilchenebene.

Stoffebene: Bei den Lavendelblüten kann flüssiges Wasser das Lavendelöl nicht lösen (Extraktion). Mit den Lavendelblüten lässt sich aber eine Wasserdampfdestillation durchführen. Dabei wird das Lavendelöl mit heißem Wasserdampf von den anderen Pflanzenbestandteilen abgetrennt. Das Lavendelöl wird in einem Strom von heißem Wasserdampf aus den Pflanzenblüten gelöst und mitgerissen. Durch Abkühlen kondensieren die gasförmigen Stoffe, dabei trennt sich das Lavendöl vom Wasser, da die einzelnen Duftstoffe nicht in Wasser löslich sind.

Teilchenebene: Beim Erreichen der Siedetemperatur des vergleichsweise niedrig siedenden Wassers werden die Kräfte, die zwischen den Wasser-Teilchen wirken, überwunden. Die Wasser-Teilchen bewegen sich nun frei und ungeordnet. Lavendelöl hat eine höhere Siedetemperatur als Wasser. Die kleinsten Teilchen, die das Lavendelöl bilden, werden von den Wasser-Teilchen beim Durchströmen der Lavendelblüten mitgerissen. Beim Abkühlen trennen sich die Wasser-Teilchen von den Teilchen der Duftstoffe. Sie bilden beide jeweils eine nicht miteinander mischbare Flüssigkeit.

2 Lavendelöl soll im Labor gewonnen werden.

a Zeichne und beschrifte eine entsprechende Experimentieranordnung. (► D1)

Eine mögliche Experimentieranordnung siehe S. 21.

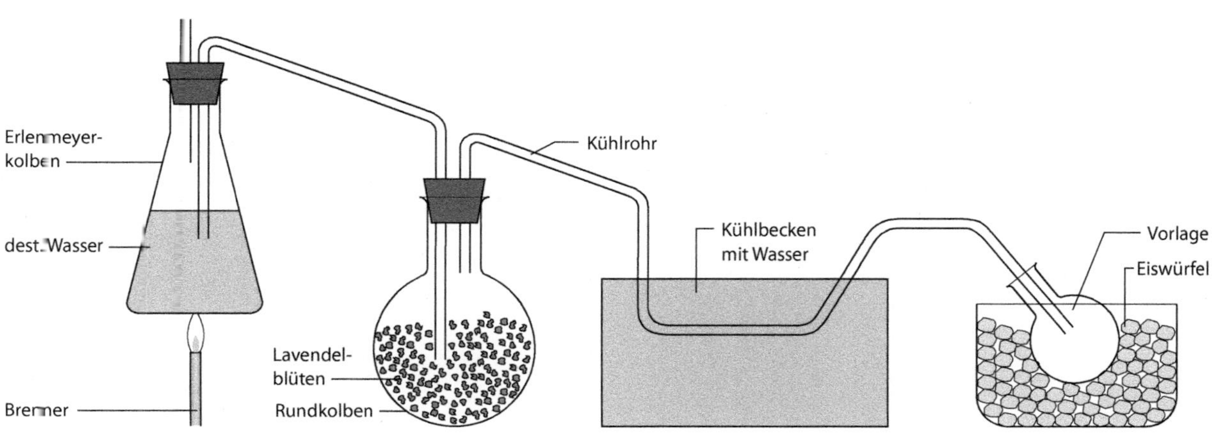

b Entwickle eine Versuchsanleitung zur Gewinnung von Lavendelöl im Labor. (► D1)

Verschiedene Aufbauten möglich, Beispiel:
Fülle einen großen Erlenmeyerkolben mit etwa 300 mL destilliertem Wasser und einen großen Rundkolben bis zur Hälfte mit frischen Lavendelblüten. Verschließe den Erlenmeyerkolben mit einem durchbohrten Stopfen und den Rundkolben mit einem doppelt durchbohrten Stopfen. Verbinde die beiden Kolben miteinander mithilfe von gebogenen Glasröhrchen und Gummischläuchen. Fülle danach ein Kühlbecken mit Wasser. Verbinde das Kühlrohr, das durch das Kühlbecken bis in die Vorlage geht, mit dem Ausgang aus dem Rundkolben. Stelle die Vorlage in eine Schale, die mit Eiswürfeln gefüllt ist. Prüfe alle Verbindungen auf Dichtheit. Entzünde danach den Brenner. Erhitze das Wasser im Erlenmeyerkolben bis zum Sieden, sodass der Wasserdampf durch die Apparatur strömen kann. Fange das Destillat in der Vorlage auf.

Hilfe: Für die Wasserdampfdestillation werden größere Mengen Wasserdampf benötigt. Der Wasserdampf muss separat erzeugt und durch die Blüten geleitet werden.

3 Nenne weitere Trennverfahren, die zur Gewinnung von Lavendelöl geeignet wären. Begründe deine Ansicht.

Weitere Verfahren zur Gewinnung von Lavendelöl: Auspressen von Lavendelpflanzenteilen, Extrahieren von Lavendelöl mit Alkohol, Extrahieren von Lavendelöl mithilfe von Öl mit wenig Eigengeruch, z. B. Mandel- oder Distelöl.

Luft und Sauerstoff

Seite 88: Chemie erlebt – Luft – mehr als nichts

1 Erläutere den Sinn eines Höhentrainingslagers und die Notwendigkeit der Atemschutzmaske des Bergsteigers.
Da sich in großen Höhen viel weniger Sauerstoff-Teilchen pro Liter Luft befinden, brauchen Bergsteiger eine mit Sauerstoff angereicherte Luft. Ausdauersportler machen sich dies zunutze, denn auf die verringerte Sauerstoffeinnahme über einen längeren Zeitraum reagiert der Körper mit der vermehrten Bildung von roten Blutkörperchen, um mehr Sauerstoff-Teilchen binden zu können.

2 Ermittle mit ▸ 2, bei welcher Höhe sich der Luftdruck ungefähr halbiert hat.
Bei ca. 5 km Höhe.

3 Recherchiere, wie sich die Kochdauer von Nudeln in einer Höhe von 6 000 m im Vergleich zur Kochdauer auf dem Campingplatz am Meer verändert.
Schmelz- und Siedetemperaturen sind abhängig vom Luftdruck. Bei Normdruck (1 013 hPa) siedet Wasser bei 100 °C. Je niedriger der Druck, desto niedriger die Siedetemperatur. In 6 000 m Höhe werden die Nudeln bei niedrigerer Temperatur gekocht und brauchen damit länger, um gar zu werden.

4 Bestimme den Sauerstoffgehalt der Luft auf dem Gipfel des Mount Everest.
Am Gipfel des Mount Everest hat sich der Luftdruck auf etwa ein Drittel verringert. Die Anzahl der Sauerstoff-Teilchen hat sich ebenfalls um den Faktor 3 verringert.

Seite 89: Luft und ihre Bestandteile

1 Erstelle ein Kreisdiagramm, das die Zusammensetzung der Luft wiedergibt (▸ 2, S. 75).

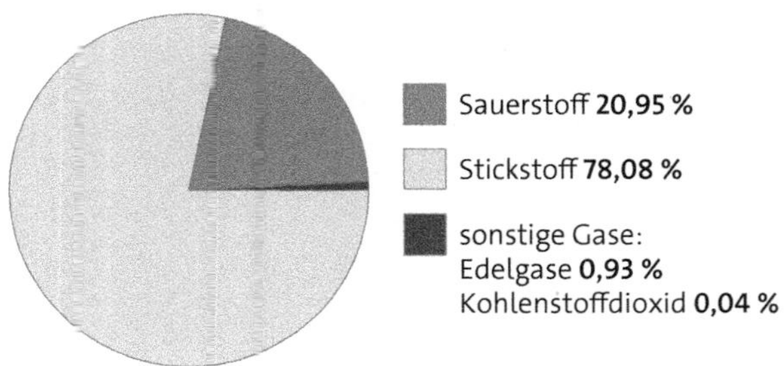

2 In 20 bis 50 km Höhe befindet sich die sogenannte Ozonschicht.
a Recherchiere weitere Informationen über die Ozonschicht.
Individuelle Lösung. Beispiele für mögliche Rechercheergebnisse:

- Die Ozonschicht enthält rund 90 % des Ozons der Atmosphäre. Dennoch macht Ozon auch dort nur einen kleinen Anteil der vorhandenen Gase aus.
- Erst als sich genug Ozon in der Atmosphäre angereichert hatte, wurde es auf der Erde so warm, dass sich Leben bilden konnte.
- Die Konzentration von Ozon ist nicht überall auf der Erde gleich. Dort, wo die Konzentration besonders gering ist, spricht man von „Ozonlöchern". An diesen Orten gelangen die UV-Strahlen der Sonne ungehinderter zur Erdoberfläche und das Sonnenbrand- und Hautkrebsrisiko ist besonders hoch.

b Bereite eine kurze Präsentation deiner Ergebnisse vor.
Individuelle Lösung.

Seite 92–93: Sauerstoff und Stickstoff

1 Gib die Reihenfolge an, in der die Luftbestandteile durch Verflüssigung und anschließender Destillation von Luft gewonnen werden (▸ 4).
Helium hat den niedrigsten Siedepunkt und wird deshalb zuerst gewonnen. Danach folgen Neon, Stickstoff, Argon, Sauerstoff, Methan und Kohlenstoffdioxid.

2 Erläutere, dass flüssiger Stickstoff und nicht Sauerstoff als Kühlmittel verwendet wird. Vergleiche dazu die Eigenschaften der Gase.
Mit einer Siedetemperatur von – 196 °C ist flüssiger Stickstoff nur geringfügig kälter als flüssiger Sauerstoff (– 183 °C). Im Gegensatz zu Sauerstoff ist Stickstoff aber reaktionsträge und fördert nicht die Verbrennung. Die Verwendung von flüssigem Sauerstoff ist daher sehr gefährlich.

Seite 94–95: Bau von Sauerstoff und Stickstoff

1 Vergleiche den Bau eines Sauerstoff-Moleküls und eines Stickstoff-Moleküls.
Gemeinsamkeit: Im Sauerstoff- und im Stickstoff-Molekül sind jeweils zwei Atome des Elements fest verbunden.

Unterschied: Im Sauerstoff-Molekül sind zwei Sauerstoff-Atome fest verbunden, während im Stickstoff-Molekül zwei Stickstoff-Atome fest verbunden sind.

2 Fahrräder, die im Winter in unbeheizten Räumen stehen, verlieren Reifendruck. Man meint, der Reifen sei undicht (► 1). Erläutere, dass ein Reifenwechsel nicht unbedingt erforderlich ist.
Im Fahrradreifen befindet sich das Gasgemisch Luft, das überwiegend aus Stickstoff und Sauerstoff besteht. Zwischen allen Molekülen der Luft, z. B. den Stickstoff- und Sauerstoff-Molekülen, wirken nur sehr schwache Kräfte. Deshalb sind die Abstände zwischen den Molekülen sehr groß. Wenn die Luft sich im Winter abkühlt, so bewegen sich die Moleküle langsamer und ihre Abstände verringern sich. Das Volumen, das die Luft einnimmt, nimmt ab und der Reifendruck nimmt ab. Beim Erwärmen des Gasgemischs vergrößern sich die Abstände zwischen den Molekülen wieder. Das Volumen der Luft wird größer und der Reifen ist wieder prall.

3 Stelle in einer Tabelle unter Verwendung der Lehrbuchseite Informationen über die Stoffe Sauerstoff und Stickstoff sowie über deren Teilchen zusammen.

	Sauerstoff	Stickstoff
Chemisches Element	ja	ja
Lateinische Bezeichnung	Oxygenium	Nitrogenium
Chemisches Symbol	O	N
Aggregatzustand	gasförmig	gasförmig
Teilchen im Stoff	Sauerstoff-Moleküle	Stickstoff-Moleküle
Bau der Teilchen	jedes Sauerstoff-Molekül besteht aus zwei Sauerstoff-Atomen	jedes Stickstoff-Molekül besteht aus zwei Stickstoff-Atomen
Modell des Moleküls		

Hinweis: Je nach Kenntnisstand der Lernenden kann die Tabelle bzgl. der chemischen Formeln der Stoffe erweitert werden. Chemische Formel von Sauerstoff: O_2; von Stickstoff: N_2

4 Leite zwei mögliche Aussagen aus dem chemischen Symbol Fe ab.
Das Symbol Fe steht für das chemische Element Eisen (lat.: ferrum). Fe steht außerdem für ein Eisen-Atom.

Seite 96: Formeln als chemische Zeichen

1 Leite aus dem Namen die chemische Formel für folgende Stoffe ab: Kohlenstoffmonooxid, Schwefeldioxid, Distickstofftetraoxid

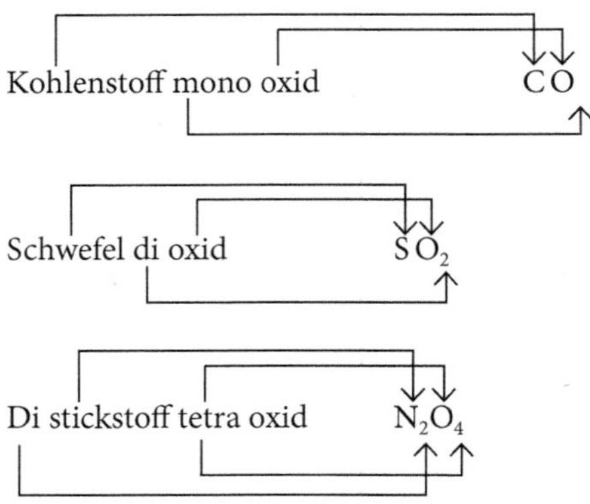

2 Ordne folgende chemische Zeichen den Begriffen chemische Formel bzw. chemisches Symbol zu: S, N_2, Fe, O, Cl_2, H_2O, CO
Chemisches Symbol: S, Fe, O
Chemische Formel: N_2, Cl_2, H_2O, CO

Seite 97: Chemie erlebt – Luftverschmutzung

1 Erläutere den Unterschied zwischen Sommer- und Wintersmog.
Beim Sommersmog handelt es sich um Ozon, das bodennah entsteht. Die Bildung wird durch Abgase und starke Sonneneinstrahlung begünstigt.
Beim Wintersmog hingegen handelt es sich um Abgase und Feinstaub, die nicht nach oben entweichen können. Der Grund dafür liegt darin, dass sich warme Luftschichten über kalten Luftschichten befinden und diese so am Aufsteigen hindern. Dies wird als Inversionswetterlage bezeichnet.

2 Begründe mithilfe der Grafik, dass es in Stuttgart häufig zu Wintersmog kommt (► 2).

Die Messdaten zeigen, dass in Stuttgart die Grenzwerte für Feinstaub und Stickoxide häufig überschritten werden. Stuttgart liegt in einem Talkessel, in dem es häufig zu Inversionswetterlagen kommt. Abgase und Schadstoffe reichern sich dann in der Luft an und können nicht abziehen.

3 Diskutiere: „Ozon – Fluch oder Segen?“

Einerseits reizt Ozon die Schleimhäute und kann zu Atemwegserkrankungen führen. In Bodennähe wird es durch UV-Strahlung aus Stickoxiden, die in Abgasen enthalten sind, gebildet. Das Ozon in den oberen Atmosphärenschichten hingegen bildet sich durch Absorption der energiereichen, schädlichen UV-Strahlung. Die Ozonschicht bildet dadurch einen wirksamen Schutz vor der gefährlichen UV-Strahlung der Sonne.

Seite 100–101: Weitergedacht

Material A: Dichte von Stoffen

1 Beschreibe den Luftdruck in der Atmosphäre in Abhängigkeit von der Höhe (► A2).

Mit zunehmender Höhe nimmt der Luftdruck in der Atmosphäre ab. Die Abnahme ist dabei nicht linear: In 5 km Höhe beträgt der Luftdruck nur noch rund die Hälfte vom Ausgangswert, in 10 km Höhe ein Viertel und in 15 km Höhe ein Achtel. Der Luftdruck halbiert sich also etwa alle 5 km.

2 Erläutere den Zusammenhang zwischen Luftdruck und Dichte der Luft.

Genauso wie der Luftdruck sinkt mit zunehmender Höhe auch die Dichte der Luft. Das liegt daran, dass Luft (wie alle Gase) zusammengepresst werden kann. Dabei gilt: Je stärker die Luft zusammengepresst wird, desto größer ist ihre Dichte. Auf Meereshöhe wird die Luftschicht durch die darüber liegenden Luftschichten viel stärker zusammengepresst (hoher Luftdruck). Je höher man steigt, desto geringer werden der Luftdruck und damit die Dichte der Luft.

Hilfe: Die Dichte bei Gasen gibt an, wie schwer z. B. ein Liter einer Gasportion ist.
Gase können mithilfe einer Kraft zusammengepresst werden.
Beim Zusammenpressen verkleinert sich das Volumen, aber nicht die Anzahl der im Volumen enthaltenen Teilchen.
Der Luftdruck ist die Kraft, die Luft ausübt.

3 Formuliere eine begründete Vermutung, welcher Wetterballon am höchsten aufsteigt: ein prall gefüllter oder ein weniger prall gefüllter (► A1).

Wasserstoff ist das Gas mit der geringsten Dichte aller Stoffe. Ein mit Wasserstoff gefüllter Wetterballon steigt auf. Da der Luftdruck mit zunehmender Höhe immer geringer wird, werden auch die Kräfte, die den Ballon zusammendrücken immer geringer. Der Ballon dehnt sich aus. Ein prall gefüllter Ballon würde schnell platzen. Daher werden Wetterballons nicht so prall gefüllt. Sie können sich ausdehnen, ohne zu platzen, und erreichen größere Höhen.

Hilfe: Betrachte zusätzlich das Diagramm ► 2.
Der Luftdruck ist die Kraft, die die Luft auf den Ballon ausübt und ihn zusammenpresst.

4 Holz und Eisen unterscheiden sich in ihren Eigenschaften.
a Vergleiche das Verhalten in Wasser (► A3).

Ein Stück Holz schwimmt auf dem Wasser, es geht nicht unter. Ein Stück Eisen sinkt auf den Boden des Gefäßes, es kann nicht auf dem Wasser schwimmen.

b Begründe das unterschiedliche Verhalten.

Ein Gegenstand/Stoff schwimmt auf dem Wasser, wenn seine Dichte kleiner ist als die des Wassers. Umgekehrt sinkt er zu Boden, wenn seine Dichte größer ist als die von Wasser. Holz hat demnach eine kleinere Dichte als Wasser, Eisen eine größere Dichte als Wasser.

5 Erkläre den Aufstieg eines Heißluftballons in Luft. Es gelten die gleichen Gesetze wie beim Aufstieg eines Körpers in Wasser.

Wird Luft erhitzt, verringert sich ihre Dichte. Gase mit einer geringeren Dichte als die sie umgebende Luft steigen auf. Auch im Wasser erfahren Stoffe mit einer geringeren Dichte als Wasser (z. B. Eis) Auftrieb.

Hilfe: Stoffe dehnen sich beim Erhitzen aus.
Beim Ausdehnen verringert sich die Dichte des Stoffs.

Material B: Sauerstoff

1 Beschreibe den Versuch, den Priestley bei der Entdeckung des Sauerstoffs durchgeführt hat (► B1).

Priestley führte zwei unterschiedliche Versuche mit ausgeatmeter Luft durch. Er füllte zwei Gefäße mit ausgeatmeter Luft, wobei eines von beiden eine Grünpflanze enthielt. Nach einiger Zeit wurde in beide Gefäße eine Maus gesetzt, wobei sie in dem Gefäß ohne Pflanze starb. In dem Gefäß mit Pflanze konnte sie aber überleben.

2 Deute die Beobachtungen des Versuchs von Priestley in Bezug auf die unterschiedlichen Luftzusammensetzungen unter den Glasglocken.

Da Tiere Sauerstoff zum Überleben brauchen, kann man durch den Versuch ohne Grünpflanze schließen, dass die Ausatemluft keinen oder nur wenig Sauerstoff enthält. Die Maus erstickt. Die ausgeatmete Luft hat dafür einen höheren Kohlenstoffdioxidgehalt. Das Kohlenstoffdioxid wird von der Pflanze durch Fotosynthese in Biomasse umgewandelt, wobei sich als Produkt auch Sauerstoff bildet, der die Maus am Leben hält.

Hilfe: In beiden Gefäßen befindet sich zu Beginn des Versuchs nur ausgeatmete Luft.
Ausgeatmete Luft enthält nur wenig Sauerstoff.
Pflanzen setzen bei der Fotosynthese Sauerstoff frei.

3 Carl Wilhelm Scheele entdeckte unabhängig von Priestley 1772 den Sauerstoff. Er nannte ihn „Feuerluft". Stelle eine Hypothese auf, wie Scheele zu diesem Namen gekommen sein könnte.

Scheele entdeckte den Sauerstoff bei der Untersuchung von Verbrennungsreaktionen mit Luft. Scheele muss dabei aufgefallen sein, dass bei den Experimenten immer nur ein bestimmter Anteil der Luft verbraucht wurde. Vermutlich ist er auf den Begriff „Feuerluft" gekommen, weil ein wesentliches Merkmal von Verbrennungen Feuererscheinungen sind. Die „restliche" Luft unterhielt die Verbrennung nicht. Eine Flamme in dieser Restluft erlischt.

Hilfe: Sauerstoff unterhält die Verbrennung. Ein glimmender Holzspan flammt in reinem Sauerstoff auf.
Ein Merkmal der Verbrennung sind Flammen.

Material C: Der „Sauerstoffabsorber"

1 Fasse die Informationen zur Arbeitsweise des Sauerstoffabsorbers zusammen.

Beim Sauerstoffabsorber wird durch feines Eisenpulver der Sauerstoffanteil in einem luftdichten Raum auf 0,01 % abgesenkt. Dabei wird Energie frei (Erwärmung auf bis zu 42 °C). Jedes Päckchen kann nur einmal verwendet werden.

2 Bewerte folgende Aussage: „Der Sauerstoff wird durch das Eisenpulver nur absorbiert, es findet keine chemische Reaktion statt." Nutze für deine Bewertung geeignete Fachsprache.

Es handelt sich um keine Absorption, sondern um eine chemische Reaktion, da ein neuer Stoff (rotbrauner fester Stoff: Eisenoxid) gebildet wird. Außerdem ist eine Energieumwandlung durch die Erwärmung des Päckchens als weiteres Merkmal der chemischen Reaktion feststellbar.

Hilfe: Absorption ist ein physikalischer Vorgang, bei der ein Stoff von einem anderen Stoff aufgenommen wird (Schwamm saugt Wasser auf).

3 Der Sauerstoffabsorber lässt sich auch energetisch betrachten.

a Stelle in einem Energiediagramm den Energiegehalt eines neuen und eines gebrauchten Säckchens gegenüber.

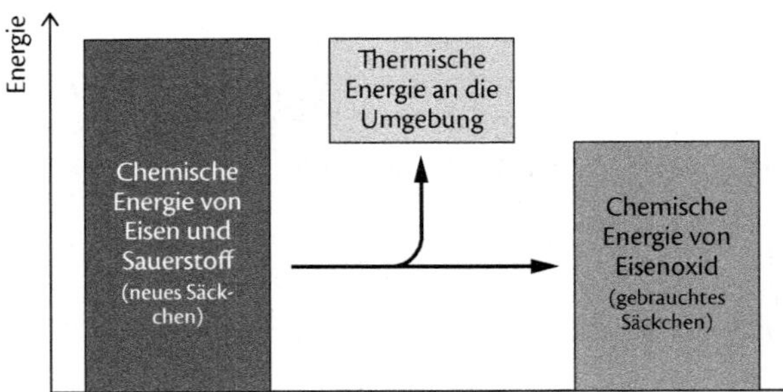

b Erläutere das Diagramm in Hinsicht auf die im Säckchen ablaufenden Prozesse.

Im Säckchen läuft eine exotherme Reaktion ab. Die freiwerdende Energie entspricht der Temperaturerhöhung. Edukte sind Sauerstoff und Eisen, die mehr chemische Energie besitzen. Das Produkt Eisenoxid besitzt weniger chemische Energie.

4 Werte die Tabelle aus (▸ C1). Leite eine allgemeine Schlussfolgerung für die im Säckchen ablaufenden Prozesse ab.

Im Säckchen läuft eine exotherme chemische Reaktion ab. Es wird eine Aktivierungsenergie benötigt, da die chemische Reaktion schneller abläuft, je höher die Außentemperatur ist.

Material D: Gefährliches Trockeneis

1 Entwickle aus dem Modell des Moleküls die chemische Formel von Kohlenstoffdioxid (▸ D2).

Das Molekülmodell zeigt drei fest miteinander verbundene „Kugeln". Diese repräsentieren die Atome im Molekül. D. h., an diesem Modell kann man erkennen, dass das Kohlenstoffdioxid-Molekül aus drei Atomen besteht. Zwei der Kugeln im Modell haben die gleiche Farbe (rot), eine der Kugeln hat eine andere Farbe (schwarz). Anhand des Modells lässt sich also erkennen, dass das Kohlenstoffdioxid-Molekül aus zwei gleichartigen Atomen und einem weiteren Atom aufgebaut ist. Die Farben im Molekülmodell sind willkürlich und Teil der Modelldarstellung, sie bedeuten *nicht*, dass Atome eine (spezifische) Farbe haben. Für die Entwicklung der chemischen Formel muss deshalb der Name des Stoffs herangezogen werden. Aus dem Namen Kohlenstoffdioxid lässt sich ablesen, dass zwei Atome Sauerstoff (-*di*oxid) und ein Atom Kohlenstoff (ohne griechisches Zahlwort) im Molekül gebunden sind.

Die chemische Formel von Kohlenstoffdioxid lautet daher CO_2. Demnach wurde in diesem Molekülmodell für das Kohlenstoff-Atom die Farbe Schwarz und für die beiden Sauerstoff-Atome die Farbe Rot gewählt.

2 Erläutere anhand einer Skizze, was auf der Teilchenebene beim Sublimieren von Trockeneis passiert (▸ D2).

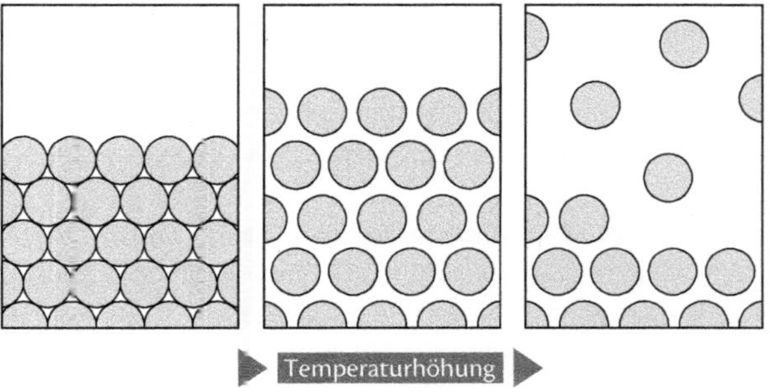

Im festen Zustand sind die Teilchen von Trockeneis regelmäßig angeordnet und dicht gepackt. Mit zunehmender Temperatur schwingen sie immer stärker um ihre festen Plätze, wobei sie sich immer weiter voneinander entfernen. Sind die Schwingungen stark genug, verlassen die Teilchen ihre regelmäßige Anordnung. Der Zusammenhalt ist dabei so gering, dass sich die Teilchen weit voneinander entfernen und in den gasförmigen Aggregatzustand übergehen.

Hilfe: Sublimation ist der Übergang vom festen in den gasförmigen Zustand.

3 Erkläre den Tod des Gastronomen (▸ D1).

Trockeneis ist festes Kohlenstoffdioxid, das beim Sublimieren in den gasförmigen Aggregatzustand übergeht. Dieses Gas konnte aus den schlecht abgedichteten Kühlboxen langsam ins Auto entweichen, da sich das Volumen bei der Sublimation auf das 760-Fache vergrößert. Gasförmiges Kohlenstoffdioxid hat eine größere Dichte als Luft (1,29 g/L) und sammelte sich zuerst am Boden des Fahrzeugs, sodass der Kohlenstoffdioxidgehalt nach und nach deutlich anstieg und der Gastronom erst schläfrig wurde und schließlich erstickte. Der weiße Rauch bildete sich durch das Gefrieren kleiner Wassertröpfchen in der Luft, da Trockeneis eine niedrigere Temperatur als −79 °C hat.

4 Diskutiere, ob das Öffnen des Schiebedachs ein ausreichender Schutz gewesen wäre (▸ D1, D2).

Prinzipiell wird durch das Öffnen des Schiebedachs eine bessere Durchlüftung gewährleistet, allerdings ist Kohlenstoffdioxid schwerer als Luft und würde deshalb kaum entweichen. Besser wäre die Öffnung der Seitenfenster gewesen, damit das Kohlenstoffdioxid bereits unterhalb seiner Atemluft entweichen kann.

5 Beurteile die Aussage, dass „weißer Rauch“ aus dem Auto drang.

Korrekter ist der Ausdruck Nebel, da Rauch ein Stoffgemisch aus festen Partikeln in Luft ist. Der „weiße Rauch“ entsteht durch die Abkühlung der Luft. Luftfeuchtigkeit kondensiert zu Wassertröpfchen, die als „weißer Rauch“ sichtbar werden.

Verbrennung – eine chemische Reaktion

Seite 106–107: Brände

1 Im Jugendlager soll ein Lagerfeuer entzündet werden. Es gibt hierfür Holzwolle, kleine Äste und große Holzscheide. Beschreibe, wie das Lagerfeuer in Gang gebracht werden kann.
Holzwolle ist besser geeignet als kleine Äste oder große Holzscheide. Es handelt sich hier zwar um den gleichen Stoff, jedoch ist der Zerteilungsgrad und damit die Oberfläche von Holzwolle größer und lässt sich deshalb leichter entzünden.

2 In einer Großbäckerei kam es zu einer Explosion mit schweren Schäden. Entwickle ein mögliches Szenario, wie es zu der Explosion kommen konnte.
Mehl in einer Tüte lässt sich nicht so einfach entzünden. Die Kontaktfläche des Mehls zur Luft ist zu klein. Es ist aber ein pulverförmiger Stoff. Durch das Arbeiten in der Bäckerei können Mehlstäube in der Luft verteilt werden. Mehl und Sauerstoff sind dann so gut vermischt, dass es zu einer Explosion kommen kann.

3 Beschreibe den Unterschied zwischen der Mindesttemperatur, bei der Feuer entsteht, und der Zündtemperatur eines Stoffs.
Die Zündtemperatur ist die Temperatur, auf die ein Stoff erwärmt werden muss, um sich selbst zu entzünden. Während die Mindesttemperatur die Temperatur ist, bei der ein Stoff durch eine Zündquelle entzündet werden kann.

4 Ein Würfel hat die Kantenlänge $a = 10$ cm und somit eine Oberfläche von $A = 6 \cdot 10\text{ cm} \cdot 10\text{ cm} = 600\text{ cm}^2$. Nun wird der Würfel so durchgeschnitten, dass viele kleine Würfel mit einer Kantenlänge von $a = 1$ cm entstehen. Bestimme zuerst die Anzahl der Würfel, die dabei entstehen. Berechne nun die Oberfläche eines einzelnen kleinen Würfels und errechne danach die Gesamtoberfläche. Vergleiche diesen Wert mit der Oberfläche des großen Würfels.
Anzahl der Würfel:
$10 \cdot 10 \cdot 10 = 1\,000$
Oberfläche eines kleinen Würfels:
$A = 6 \cdot 1\text{ cm} \cdot 1\text{ cm} = 6\text{ cm}^2$

Gesamtoberfläche aller kleinen Würfel:
$A = 6\text{ cm}^2 \cdot 1\,000 = \underline{\underline{6\,000\text{ cm}^2}}$

Antwort: Die Gesamtoberfläche aller kleinen Würfel beträgt 6 000 cm^2. Damit ist die Oberfläche 10-mal größer als die des Würfels mit der Kantenlänge 10 cm.

Seite 108–109: Brandbekämpfung

1 Erläutere, dass man bei einem Waldbrand auf einem breiten Streifen Bäume fällt (► 2).
Die Schneisen verhindern das Übergreifen des Brandes auf weitere Waldgebiete durch Entfernen des Brennstoffs.

2 Begründe, welche Feuerlöscher zu Hause für einen Wohnungsbrand eingesetzt werden können.
Für die meisten Brände daheim reicht ein ABC-Pulverlöscher. Mit ihm können Brände fester, flüssiger und gasförmiger Stoffe gelöscht werden. Auch ein Kohlenstoffdioxid-Löscher ist geeignet. Er hat den Vorteil, dass das Löschmittel mit der Zeit verdampft. Fettbrände sollten am besten durch Zudecken des Brandherds gelöscht werden.

3 Erkläre die Funktionsweise des Metallbrandlöschers.
Beim Metallbrandpulver handelt es sich meist um Kochsalz, welches bei 800 °C schmilzt. Metallbrände können Temperaturen von über 1 000 °C erreichen. Bei der Bekämpfung eines Metallbrands wird das pulverige Kochsalz auf das brennende Metall aufgebracht. Das Kochsalz schmilzt dabei und bildet eine erstickende Schicht, die den Brandherd von weiterer Luftzufuhr abschnürt. Das Feuer erlischt.

4 Entscheide und begründe, in welche Brandklasse du die folgenden Stoffe einteilen würdest:
a Kerzenwachs
B, da Kerzenwachs schmilzt und es somit zu den flüssig werdenden Stoffen gehört.

b Campinggas
C, da Campinggas aus brennbaren Gasen besteht.

c Kohle
A, da Kohle zu den glutbildenden Feststoffen gehört.

d Olivenöl
F, da Olivenöl ein Speiseöl ist.

Seite 111: Verbrennung – eine chemische Reaktion?

1 Erläutere anhand von Bild 2, dass es sich bei der Verbrennung um eine chemische Reaktion handelt.

Das Streichholz vor der Reaktion und das Streichholz nach der Reaktion sind zwei unterschiedliche Stoffe mit unterschiedlichen Eigenschaften (Farbe, Struktur, Form, Brennbarkeit). Es hat eine Stoffumwandlung stattgefunden. Eine Energieumwandlung fand ebenfalls statt: Energie wurde in Form von thermischer Energie (Flamme) an die Umgebung abgegeben. Die Reaktionsprodukte haben weniger chemische Energie als die Ausgangsstoffe.

Seite 112–113: Verbrennung – eine Oxidation

1 Begründe, dass man bei Feueralarm in der Schule die Fenster schließen soll, bevor das Klassenzimmer geräumt wird.

Zum Brennen benötigen Stoffe den in der Luft vorhandenen Sauerstoff. In einem geschlossenen Raum kann sich das Feuer nicht so schnell ausbreiten, da der Sauerstoff in der Luft mit der Zeit verbraucht wird.

2 Zeichne das Energiediagramm für die Verbrennung von Kohlenstoff.

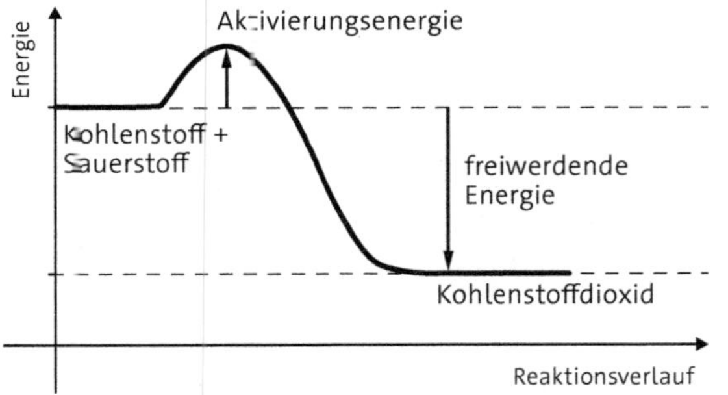

3 Ausgeamtete Luft enthält Kohlenstoffdioxid.

a Erläutere die Schlussfolgerungen, die du aus der Aussage ziehen kannst.

Zur Energiegewinnung betreibt der Körper die kalte Verbrennung und stößt dabei Kohlenstoffdioxid aus. Energiereiche Verbindungen reagieren im Stoffwechsel mit Sauerstoff und werden zu Kohlenstoffdioxid (und Wasser) abgebaut.

b Entwickle einen Versuch, mit dem du die Aussage überprüfen kannst.

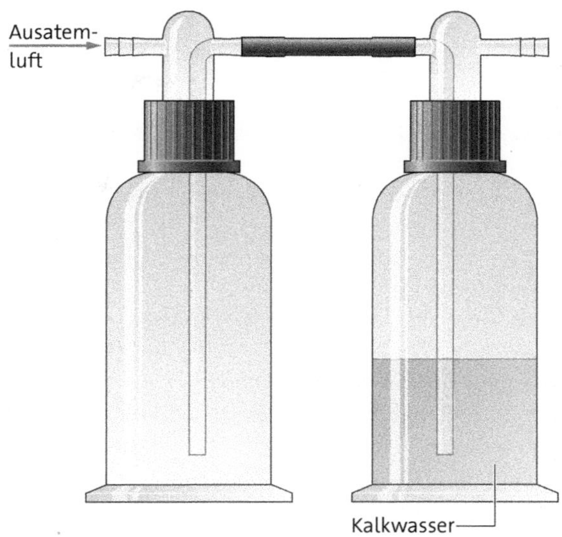

Kohlenstoffdioxid kann durch Kalkwasser nachgewiesen werden. Es muss also die Ausatemluft aufgefangen und mit Kalkwasser überprüft werden. Die einfachste Lösung wäre ein Reagenzglas mit Kalkwasser, in das durch einen Strohalm oder ähnliches die Ausatemluft direkt eingeleitet wird. Dies ist aber aus Sicherheitsgründen nicht erlaubt. Der vorgeschlagene Aufbau verhindert, dass die ausatmende Person in Kontakt mit dem Kalkwasser kommt. Andere Vorgehensweisen (etwa erst die Ausatemluft auffangen und dann einleiten) sind möglich.

Seite 114–115: Wasserstoff

1 Erkläre, dass man heutzutage anstelle des Wasserstoffs Helium in Luftschiffen verwendet.

Helium besitzt eine ähnlich geringe Dichte (verleiht einem Flugkörper somit Auftrieb), ist heutzutage auch in größeren Mengen verfügbar und besitzt den großen Vorteil, dass es nicht brennbar ist. Diese Eigenschaft ist sehr wichtig, wie die Katastrophe von Lakehurst mit dem Luftschiff Hindenburg gezeigt hat. Bei diesem Unglück entzündete sich der Wasserstoff vom Luftschiff und es kamen 36 Menschen ums Leben.

2 Begründe den Einsatz von Wasserstoff als Traggas von Wetterballons und als Raketentreibstoff.
Wasserstoff kann als Traggas eingesetzt werden, da er eine geringere Dichte als Luft besitzt und somit einem Körper Auftrieb verleihen kann. Ein Volumen von 1 m^3 Wasserstoff kann eine Masse von 1,2 kg Last tragen. Wasserstoff kann zudem als Raketentreibstoff eingesetzt werden, da die stark exotherme Verbrennung von Wasserstoff in der Rakete den notwendigen Schub erzeugen kann.

Seite 116–117: Wasser – ein Oxid

1 Begründe, dass Wasser ein Oxid ist.
Oxide sind Verbindungen aus Sauerstoff und mindestens einem weiteren Element. Da Wasser aus Wasserstoff und Sauerstoff entsteht, erfüllt es diese Voraussetzung. Wasser entsteht zudem durch Verbrennung von Wasserstoff. Verbrennungen sind Oxidationen – das Reaktionsprodukt (Wasser) muss also ein Oxid sein.

2 Zeichne jeweils ein Energiediagramm für die Zerlegung und Bildung von Wasser. Erläutere deine Darstellung.

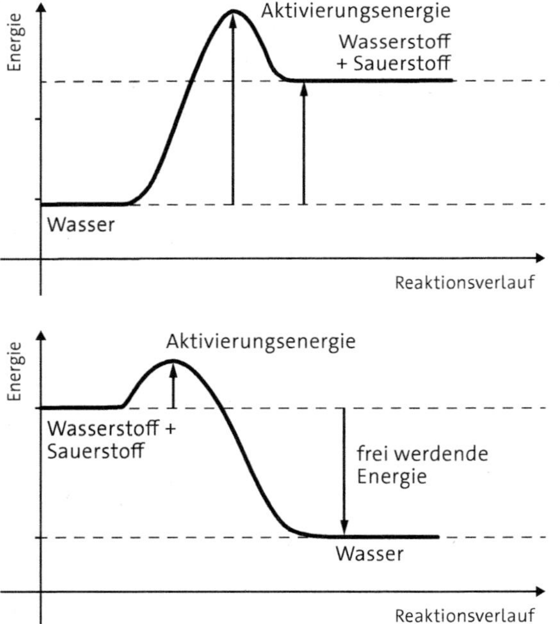

Die Zerlegung von Wasser ist eine endotherme Reaktion, Energie muss zugeführt werden. Wasser-Moleküle sind stabiler als Wasserstoff- und Sauerstoff-Moleküle. Entsprechend wird bei der Bildung von Wasser – also der Reaktion von Wasserstoff mit Sauerstoff – Energie frei. Der Betrag der freiwerdenden Energie entspricht genau dem Betrag, der für die Zerlegung aufgewendet werden muss.

3 Beschreibe mithilfe des Teilchenmodells, was beim Sieden von Wasser passiert. Vergleiche mit der Zerlegung von Wasser durch den elektrischen Strom.
Sieden von Wasser ist ein physikalischer Vorgang, bei dem Wasser vom flüssigen Aggregatzustand in den gasförmigen übergeht. Es findet keine Stoffumwandlung statt, der Stoff Wasser bleibt erhalten. Es findet keine Teilchenveränderung statt. Zerlegen von Wasser ist eine chemische Reaktion, es findet eine Stoffumwandlung statt, aus Wasser-Molekülen entstehen Wasserstoff-Moleküle und Sauerstoff-Moleküle. Die Anordnung und die Art der Teilchen ändern sich.

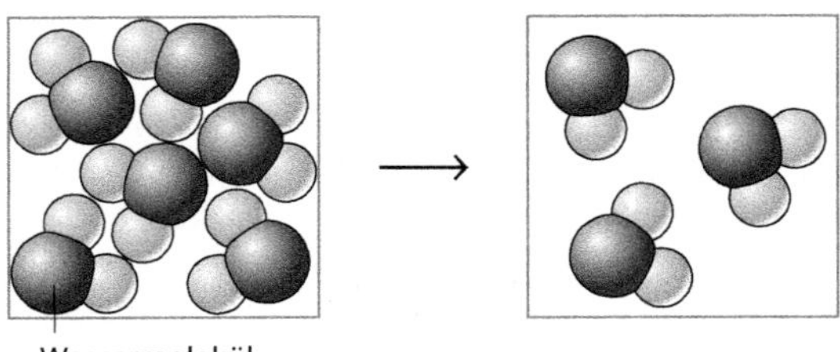

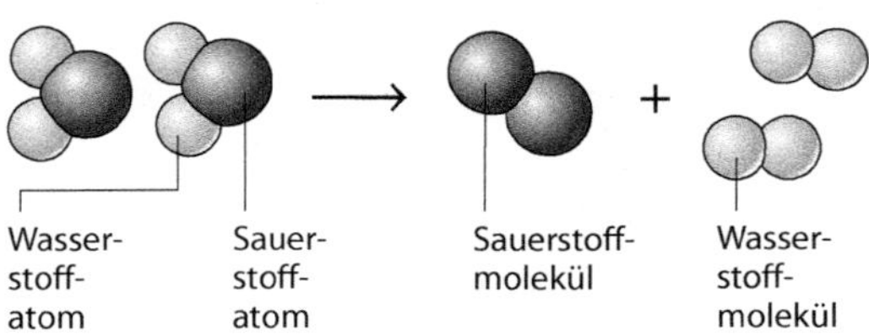

Seite 118: Von der chemischen Reaktion zur Reaktionsgleichung

1 Deute die Reaktionsgleichung für die Verbrennung von Schwefel stofflich und teilchenmäßig.
$S (s) + O_2 (g) \rightarrow SO_2 (g)$
Stoffliche Deutung: Schwefel und Sauerstoff reagieren zu Schwefeldioxid.
Teilchenmäßige Deutung: Je 1 Schwefel-Atom und 1 Sauerstoff-Molekül reagieren zu 1 Schwefeldioxid-Molekül.

2 Entwickle schrittweise die Reaktionsgleichung für die Verbrennung von Kohlenstoff und deute diese.
1. Wortgleichung:
   Kohlenstoff + Sauerstoff → Kohlenstoffdioxid

2. Einsetzen der chemischen Zeichen:
   $C + O_2 \rightarrow CO_2$

3. Faktoren ermitteln:
$C + O_2 \rightarrow CO_2$

4. Teilchenanzahl überprüfen

	Ausgangsstoffe	Reaktionsprodukt
Kohlenstoff-Atome	1 · 1 = 1	1 · 1 = 1
Sauerstoff-Atome	1 · 2 = 2	1 · 2 = 2

5. Reaktionsgleichung:
$C\ (s) + O_2\ (g) \rightarrow CO_2\ (g)$

Stoffliche Deutung: Kohlenstoff und Sauerstoff reagieren zu Kohlenstoffdioxid.
Teilchenmäßige Deutung: Je 1 Kohlenstoff-Atom und 1 Sauerstoff-Molekül reagieren zu 1 Kohlenstoffdioxid-Molekül.

3 Begründe, dass Reaktionsgleichungen internationale Arbeits- und Verständigungsmittel sind.
Schriften unterscheiden sich in den verschiedenen Sprachen. Chemische Symbole, Formeln und Reaktionsgleichungen sind dagegen überall gleich. Sie können daher auf der ganzen Welt verstanden werden.

4 Ermittle die fehlenden Faktoren und kontrolliere die Übereinstimmung der Teilchenanzahlen der einzelnen Elemente.

a ... Cu + ... $O_2 \rightarrow 2\ CuO$
$2\ Cu + O_2 \rightarrow 2\ CuO$

b $4\ Ag$ + ... $O_2 \rightarrow$ ... Ag_2O
$4\ Ag + O_2 \rightarrow 2\ Ag_2O$

c ... H_2O + ... $Mg \rightarrow$ ... MgO + ... H_2
$H_2O + Mg \rightarrow MgO + H_2$

d ... P + ... $O_2 \rightarrow$ ... P_2O_5
$4\ P + 5\ O_2 \rightarrow 2\ P_2O_5$

Seite 120–121: Chemie erlebt – Wasserstoff – der Energieträger von morgen?

1 Recherchiere die Geschichte der Wasserstoffmobilität und gib die wesentlichen Meilensteine an. Vor welchen Herausforderungen steht der Wasserstoff als Treibstoff heute?
Teilweise offene Aufgabenstellung.
1835: Erfindung der Brennstoffzelle
Mitte des 20. Jahrhunderts: Anwendung von Brennstoffzellen in der Raumfahrt
Ende des 20. Jahrhunderts: Entwicklung und Einsatz von mehreren Fahrzeugen auf Brennstoffzellenbasis
Anfang 21. Jahrhunderts: Einige Autohersteller bieten Brennstoffzellenautos in Serie an – mit vergleichbarer Reichweite wie Autos mit Verbrennungsmotoren. Es werden Brennstoffzellen als kleine Kraftwerke und zur Wärmebereitstellung eingesetzt.

Die größten Herausforderungen bei der Wasserstofftechnologie bestehen im Transport und der Lagerung von Wasserstoff. Wasserstoff kann nur in Druckgasbehältern gelagert werden. Zudem existiert kein zusammenhängendes Verteilungsnetz für Wasserstoff. In Deutschland gibt es z. B. nur etwa 90 Wasserstofftankstellen (Stand 2021), aber über 14 000 Tankstellen für Benzin und Diesel.

2 Schildere mit eigenen Worten, inwiefern Wasserstoff den regenerativen Energien zum Durchbruch verhelfen könnte.
Regenerative Energiequellen stehen nicht immer dann zur Verfügung, wenn sie benötigt werden und umgekehrt. Um den kompletten Energiebedarf eines Landes über regenerative Energie decken zu können, muss zu viel produzierte Energie zwischengespeichert werden können und dann abrufbar sein, wenn sie benötigt wird. Wasserstoff könnte der ideale Energieträger dafür sein, da er mithilfe der zu viel produzierten elektrischen Energie aus Wasser problemlos hergestellt werden kann. In einer Brennstoffzelle wird diese dann wieder in elektrische Energie umgewandelt.

3 Beurteile die Energievision von Jules Verne ausgehend von dem Wissen, das du jetzt hast.
Offene Aufgabenstellung. Brennstoffzellen sind heutzutage zwar technisch weit entwickelt. Die Brennstoffzellentechnologie ist dennoch ein absolutes Nischenprodukt und spielt gesamtwirtschaftlich (noch) keine Rolle.
Durch den Versuch, schrittweise auf emissionsfreie Mobilität umzustellen, rückt die Brennstoffzellentechnologie in den letzten Jahren erneut in den Fokus. Besonders für Langstreckenfahrzeuge, in denen keine Batterien verbaut werden können, könnte durch Wasserstofftechnologie lokale Emissionsfreiheit gewährleistet werden.

Seite 124–125: Weitergedacht

Material A: Rosten von Eisen

1 Begründe, in welchem der drei Reagenzgläser (A, B oder C) die Rostbildung am schnellsten abgelaufen ist.
Die Rostbildung verläuft im Reagenzglas A am schnellsten. Der Wasserspiegel in diesem Reagenzglas ist am höchsten. Da beim Rosten Sauerstoff verbraucht wird, verringert sich das Gasvolumen im Reagenzglas. Dadurch wird das Wasser aus der Wanne angesaugt.

2 Nenne Namen und Eigenschaften des Reaktionsprodukts.
Das Reaktionsprodukt heißt Eisenoxid (Rost). Es ist ein fester, brauner und poröser Stoff, der unlöslich in Wasser ist.

3 Die Eisenwolle in den drei Reagenzgläsern wurde zuvor unterschiedlich behandelt:
- **Eine Stoffprobe wurde kurz in destilliertes Wasser getaucht.**
- **Eine Stoffprobe wurde kurz in Salzwasser getaucht.**
- **Eine Stoffprobe wurde mit Fahrradöl behandelt.**

Ordne die Beschreibungen den Proben A, B und C zu. Begründe.

Beschreibung	Reagenzglas	Begründung
Behandlung mit Salzwasser	A	Zum Rosten wird neben Sauerstoff auch Wasser benötigt. Je mehr Salz im Wasser enthalten ist, desto schneller rostet das Eisen.
Behandlung mit destilliertem Wasser	C	Aufgrund des fehlenden Salzes im Wasser rostet das Eisen langsamer als im Reagenzglas A. (Das Wasser ist im Glasrohr etwas nach oben gestiegen.)
Behandlung mit Fahrradöl	B	Fahrradöl verhindert den Kontakt von Sauerstoff und Wasser mit der Eisenoberfläche; das Rosten wird damit verhindert. (Das Wasser ist nicht in das Glasrohr gestiegen.)

4 Leite aus den Experimenten Bedingungen ab, die das Rosten von Eisengegenständen in der Umwelt begünstigen.
Rosten wird besonders an feuchter Luft begünstigt. Da gelöste Salze im Wasser das Rosten beschleunigen, können besonders Eisengegenstände im Meerwasser bzw. an der Meeresküste schnell rosten.

5 Formuliere Maßnahmen, die zur Vermeidung von Rostbildung ergriffen werden können.
Als Rostschutz sind alle Maßnahmen geeignet, die den Kontakt von Sauerstoff und Wasser mit der Eisenoberfläche unterbinden. Dies ist möglich durch:
- Einölen der Eisenoberfläche
- Lackieren von Eisengegenständen mit Rostschutzfarben
- Galvanisieren (dabei wird die Eisenoberfläche mit einem schützenden Metall, z. B. Zink, Zinn oder Chrom, überzogen)
- Kunststoffüberzüge
- Verwendung von rostfreien Edelstählen anstelle von Eisen oder einfachem Stahl

Material B: Oxide

1 Leite aus den Abbildungen (▸ B1, B2) einige Eigenschaften der Oxide ab und erstelle jeweils einen Steckbrief beider Oxide.

Calciumoxid
Farbe: weiß
Aggregatzustand bei Raumtemperatur: fest
Schmelztemperatur: 2 570 °C
Siedetemperatur: 2 850 °C
Dichte bei 25 °C: 3,4 g/cm^3
Löslichkeit in Wasser: schlecht, 1,65 g/L

Kohlenstoffdioxid
Farbe: farblos
Aggregatzustand bei Raumtemperatur: gasförmig
Sublimationstemperatur: –79 °C
Dichte bei 0 °C: 1,98 g/L
Löslichkeit in Wasser: gut, 4,3 g/L

Aus den Abbildungen sind z. B. der Aggregatzustand und die Farbe beider Oxide ableitbar. Zudem kann man ableiten, dass Kohlenstoffdioxid in Wasser löslich ist.

2 Formuliere die Wortgleichung der Herstellung von Branntkalk.
Kalkstein (s)
→ Branntkalk (s) + Kohlenstoffdioxid (g) | endotherm

3 Nenne jeweils eine Möglichkeit, wie die beiden Oxide auch gebildet werden können. Formuliere dazu jeweils eine Wort- und eine Reaktionsgleichung.
Beide Oxide können auch aus ihren Elementen gebildet werden.
Calciumoxid:
Calcium (s) + Sauerstoff (g) → Calciumoxid (s)
$2\,Ca\,(s) + O_2\,(g) \rightarrow 2\,CaO\,(s)$

Kohlenstoffdioxid:
Kohlenstoff (s) + Sauerstoff (g) → Kohlenstoffdioxid (g)
$C\,(s) + O_2\,(g) \rightarrow CO_2\,(g)$

4 Ordne das Begriffschaos (► B3), indem du sinnvolle Beziehungen zwischen den Begriffen herstellst und diese erläuterst.

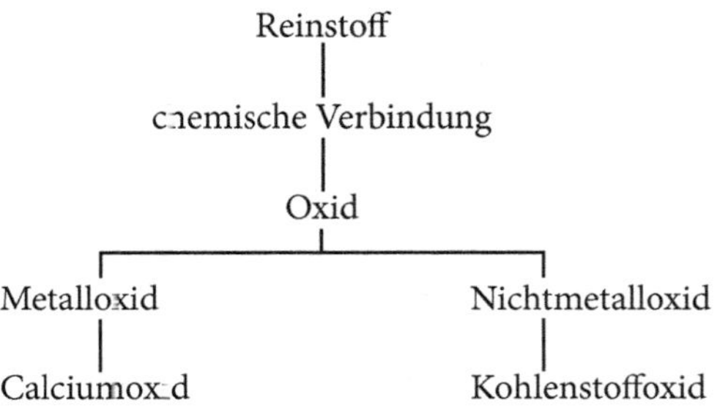

Calciumoxid ist ein Metalloxid, das aus den Elementen Calcium und Sauerstoff gebildet wird. Kohlenstoffdioxid ist ein Nichtmetalloxid, das aus den Elementen Kohlenstoff und Sauerstoff gebildet wird. Oxide sind chemische Verbindungen, da sie nur durch chemische Reaktionen gebildet werden können. Es sind Reinstoffe mit gleichbleibenden, einheitlichen Eigenschaften.

Hilfe: Ordne die Begriffe so, dass du oben mit dem Reinstoff beginnst und unten mit Calciumoxid bzw. Kohlenstoffdioxid endest.

Material C: Wasserstoffperoxid im Aquarium

1 Erstelle eine Eigenschaftskombination mithilfe der Informationen aus ► C1 über Wasserstoffperoxid.
Name: Wasserstoffperoxid
Farbe: farblos
Geruch: geruchlos
Aggregatzustand bei Raumtemperatur: flüssig
Weitere Eigenschaften: stark ätzend, in Wasser löslich
Verwendungsmöglichkeiten: Bleich- und Desinfektionsmittel, Ausgangsstoff für Sprengstoffe, Sauerstofflieferant in Aquarien

2 Beschreibe den Aufbau des „Oxidators" (► C2).
In einem Tonbecher befindet sich ein mit der Öffnung nach unten zeigender Kunststoffbecher. Dieser ist mit der Oxidatorlösung (Wasserstoffperoxidlösung) gefüllt. An einer Stelle des Kunststoffbehälters ist der Katalysator befestigt, sodass die Reaktion langsam, aber stetig ablaufen kann. Über eine Auslassöffnung kann der entstehende Sauerstoff entweichen und gelangt im Zwischenraum zwischen der Kunststoffflasche und dem Tonbehälter nach oben. Auf der Kunststoffflasche liegt eine Ballastkugel.

3 Nenne mögliche Beobachtungen, an denen man erkennen kann, dass der „Oxidator" funktioniert.
An der Öffnung zwischen Tonbecher und Ballastkugel entweichen Gasblasen.
Die Ballastkugel wird ab und zu kurz nach oben gedrückt.

4 Formuliere die Wortgleichung für die Zersetzung von Wasserstoffperoxid und entwickle eine Teilchendarstellung der Reaktion.

Wasserstoffperoxid (l) → Wasser (l) + Sauerstoff (g)

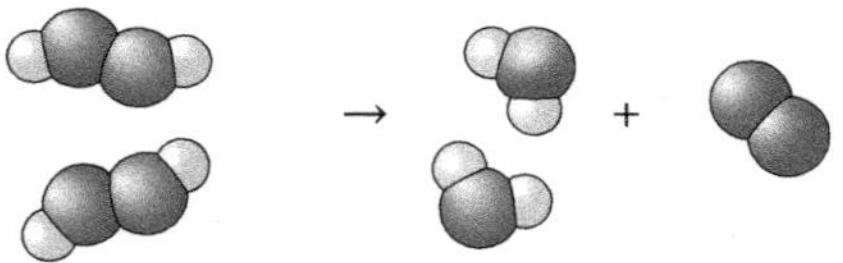

5 Beschreibe die Bedeutung der Ballastkugel.
Die Ballastkugel bewirkt, dass der entstehende Sauerstoff durch seine geringe Dichte die Flasche nicht nach oben drückt.

Hilfe: Im Oxidator entsteht ein Gas mit einer geringeren Dichte als Wasser.

Material D: Wasseranalyse nach Lavoisier

1 Zur Auswertung des Versuchs wog Lavoisier die Eisennägel vor und nach dem Versuch. Beschreibe das zu erwartende Ergebnis beider Messungen und finde eine Erklärung dafür.
Die Eisennägel nach dem Versuch sind schwerer als die Eisennägel vor dem Versuch. Der Wasserdampf hat mit den heißen Eisennägeln reagiert, wobei Eisenoxid entstanden ist.

2 Erläutere die bei diesem Versuch ablaufenden chemischen Reaktionen. Formuliere dazu die Wort- und Reaktionsgleichung.
Eisen + Wasser → Eisenoxid + Wasserstoff

$Fe\,(s) \quad + \quad H_2O\,(l) \quad \rightarrow \quad FeO\,(s) \quad + \quad H_2\,(g)$

Zwischen Wasser und Eisen fand eine Reaktion statt. Wasser ist eine Verbindung aus den Elementen Sauerstoff und Wasserstoff. Der Sauerstoff aus dem Wasser wurde während der Reaktion auf das Eisen übertragen, sodass die Masse nach dem Versuch größer sein muss. Bei dem aufgefangenen Gas am Ende des Flintenlaufs muss es sich dann um Wasserstoff gehandelt haben.

Hilfe: Als Reaktionsprodukt entsteht Eisenoxid.
Wasser ist eine Verbindung aus Sauerstoff und Wasserstoff.

3 Entwickle den Aufbau eines Schülerexperiments, mit dem der Versuch von Lavoisier möglichst einfach durchgeführt werden kann. Plane dabei auch den Nachweis des entstehenden Gases mit ein (► D1).
Ein mit Wasser gefülltes Reagenzglas mit seitlichem Ansatz oder ein mit einem durchbohrten Stopfen verschlossener wassergefüllter Erlenmeyerkolben wird mit dem Brenner über einem Drahtnetz erhitzt. Das entstehende Gas wird durch ein mit Eisenspänen gefülltes Verbrennungsrohr geleitet. Die Eisenspäne werden dabei mit einem zweiten Gasbrenner erhitzt. Das andere Ende des Verbrennungsrohrs ist mit einem durchbohrten Stopfen verschlossen, durch den eine Glasdüse mit etwas Kupferdraht als Rückschlagsicherung führt. Der entstehende Wasserstoff kann an der Glasdüse entzündet werden.

Hilfe: Überlege, durch welche dir bekannten Laborgeräte die in der Abbildung D1 dargestellten Materialien ersetzt werden können.

4 Erläutere, dass bei diesem Versuch ein wenig Kupferdraht als Rückschlagsicherung mit eingebaut werden sollte.
Werden am Ende des Versuchs die Bunsenbrenner abgeschaltet, kann die Wasserstoffflamme in das Verbrennungsrohr zurückschlagen. Bei Verwendung einer Rückschlagsicherung geht die Flamme aufgrund der hohen Wärmeleitfähigkeit des Kupferdrahts aus.

Metalle und Periodensystem der Elemente

Seite 130–131: Eigenschaften von Metallen

1 Erkunde die Dichte von Eisen, Kupfer, Aluminium, Blei, Magnesium und Zink. Informiere dich dazu in einem Tabellenwerk und erstelle eine Übersicht. Vergleiche die Werte mit den Versuchsergebnissen. Teile die Metalle in Leichtmetalle und Schwermetalle ein.

Leichtmetalle (Dichte ϱ in g/cm^3)	**Schwermetalle** (Dichte ϱ in g/cm^3)
Aluminium (2,70)	Blei (11,34)
Magnesium (1,74)	Eisen (7,86)
	Kupfer (8,92)
	Zink (7,14)

2 Erstelle Steckbriefe von Magnesium und Zink. Nutze dazu die Ergebnisse der Experimente und ein Tabellenwerk.

Magnesium
Farbe: silberweiß glänzend
Aggregatzustand bei Zimmertemperatur: fest
Schmelztemperatur: 650 °C
Siedetemperatur: 1 110 °C
Verformbarkeit: sehr gut
Dichte: gering ($\varrho = 1{,}74\,g/cm^3$)
Elektrische Leitfähigkeit: gut
Härte: relativ weich
Wärmeleitfähigkeit: gut

Zink
Farbe: silberweiß glänzend
Aggregatzustand bei Zimmertemperatur: fest
Schmelztemperatur: 419 °C
Siedetemperatur: 906 °C
Verformbarkeit: schlecht, bei Raumtemperatur brüchig
Dichte: hoch ($\varrho = 7{,}14\,g/cm^3$)
Elektrische Leitfähigkeit: gut
Härte: relativ hart, spröde
Wärmeleitfähigkeit: gut

3 Suche nach Volksweisheiten und Sprüchen, die mit Metallen zu tun haben. Nenne deren Bedeutung.

Auswahl einiger Redewendungen, Sprüche, Volksweisheiten, Lied- und Verstexte (Die Bedeutung sollte mit den Schülerinnen und Schülern diskutiert werden.)

- Marmor, Stein und Eisen bricht … (Song von Drafi Deutscher)
- Hart wie Krupp-Stahl
- Es ist nicht alles Gold, was glänzt
- Etwas lässt sich mit Gold nicht aufwiegen
- Nach Golde drängt, am Golde hängt doch alles (J. W. v. Goethe)
- Wer rastet, der rostet
- Jemand hat Rost angesetzt
- Jemand gehört zum alten Eisen
- Blei in den Beinen haben
- Bleifuß
- Bleiente
- Bleierne Zeit
- Goldene Zeiten
- Rostlaube

4 Erkundige dich nach „kalten“ und „heißen“ Methoden der Metallbearbeitung. Stelle einige Werkzeuge und Methoden in der Klasse vor. Welche Eigenschaften spielen dabei eine Rolle?

„Kalte“ Methoden der Metallbearbeitung: Ziehen, Strecken, Walzen, Fräsen, Stanzen, Schleifen, Hobeln; „heiße“ Methoden der Metallbearbeitung: Schweißen (z. B. Gasschweißen, Lichtbogenschweißen, Schutzgasschweißen, Plasmaschweißen, Thermitschweißen, Laserschweißen, Punktschweißen), Schmieden, Gießen. Die Eigenschaften der Metalle bestimmen wesentlich die Möglichkeiten der Verarbeitung. Eisen und eisenhaltige Legierungen müssen von Nichteisenmetallen unterschieden werden. Während sich z. B. Aluminium schnell drehen lässt, muss Stahl wesentlich langsamer bearbeitet und ständig gekühlt werden.

Seite 132–133: Bedeutung und Verwendung von Metallen

1 Fertige eine tabellarische Übersicht zu den wichtigsten Epochen der Menschheit an. Gib dabei den ungefähren zeitlichen Rahmen und die Verwendung bzw. die Bedeutung der Metalle für die jeweilige Zeitepoche an.

Epoche	Zeitraum	Metalle	Verwendung
Steinzeit	ca. 2,5 Mio. Jahre v. Chr.	Gold, Kupfer	Schmuck
Kupferzeit	ca. 4000 Jahre v. Chr.	Kupfer	Alltagsgegenstände

Epoche	Zeitraum	Metalle	Verwendung
Bronzezeit	ca. 2000 Jahre v. Chr.	Kupfer-Zinn-Legierung	Werkzeuge, Waffen, Schmuck
Eisenzeit	ca. 1000 Jahre v. Chr.	Eisen	Waffen, Werkzeuge, landwirtschaftliche Geräte

2 Berechne unter Nutzung der Angaben aus Bild ▸ 8 die Masse der einzelnen Metallwürfel. *Hinweis:* Die Dichten der einzelnen Metalle kannst du dem Tabellenwerk entnehmen.

Grundgleichungen: $m = \rho \cdot V$; $V = a^3$

Aluminium: ρ = 2,7 g/cm³, m = 4 902,8 kg
Blei: ρ = 11,34 g/cm³, m = 3 889,6 kg
Kupfer: ρ = 8,9 g/cm³, m = 1 180,6 kg
Silber: ρ = 10,5 g/cm³, m = 14,0 kg
Gold: ρ = 19,3 g/cm³, m = 178,74 g

3 Informiere dich über die Hauptvorkommen von „seltenen Erden".

China, Mongolei, USA, Kanada, Australien, Grönland, Brasilien

Seite 134–136: Legierungen

1 Lötzinn schmilzt zwischen 190 °C und 270 °C. Vergleiche mit den Schmelztemperaturen der reinen Metalle. (Seite 135)

Metall/Legierung	Schmelztemperatur in °C
Blei	327
Zinn	232
Lötzinn	190–270

Blei hat als reines Metall eine wesentlich höhere Schmelztemperatur als die Legierung. Lötzinn schmilzt bei geringeren Temperaturen als die reinen Metalle, was bei der Verwendung als Lötmetall von Vorteil ist.

2 Stelle für die im Text beschriebenen Legierungen eine tabellarische Übersicht bezüglich Zusammensetzung, Eigenschaften und Verwendungen auf. Ergänze weitere Verwendungsmöglichkeiten. (Seite 135)

Legierung	Zusammensetzung	Eigenschaften	Verwendung
Stahl	Eisen, Kohlenstoff	schmiedbar, lässt sich walzen und pressen	Brücken- und Häuserbau
Chrom-Nickel-Stahl	Eisen, Kohlenstoff, Chrom, Nickel	korrosionsbeständiger als Stahl	Maschinenteile, Baugewerbe
Bronze	Kupfer, Zinn	härter als Kupfer	Glocken, Drahtgewebe, Brilleneinfassungen
Messing	Kupfer, Zink	härter als Kupfer, goldener Glanz, antibakteriell	Musikinstrumente, Kontakte, Türgriffe
Duraluminium	Aluminium, Kupfer, Magnesium	stabil, leicht	Flugzeug- und Fahrzeugbau

3 Erkunde, was unter 750er-Gold und 333er-Gold verstanden wird. (Seite 135)

750er-Gold: 750 Teile Feingold, 250 Teile andere Metalle (z. B. Nickel oder Palladium) in der Legierung
333er-Gold: 333 Teile Feingold, 667 Teile andere Metalle (z. B. Nickel oder Palladium) in der Legierung

1 In einem Silberring ist die Zahl 925 eingraviert. (Seite 136)

a Gib an, was du daraus ableiten kannst.

Die Zahl gibt den Silberanteil im Ring an. Der Anteil reinen Silbers wird in Tausendsteln angegeben, d. h., von 1 000 Teilen sind 925 Teile reines Silber. Der Rest ist in diesem Fall Kupfer mit 75 Teilen.

b Berechne, wie viel Gramm reines Silber der Ring enthält, wenn er 6 g wiegt.

1 000 Teile entsprechen 6 g, dann entsprechen 925 Teile 5,55 g. Der Ring enthält also 5,55 g reines Silber.

2 Begründe, warum Gedenkmünzen aus Silber nicht für den täglichen Gebrauch geeignet sind. (Seite 136)

Der Silberanteil in Gedenkmünzen liegt bei 925, d. h., er ist sehr hoch. Da Silber ein sehr weiches Metall ist, sind auch die Münzen sehr weich. Sie würden schon nach kurzer Zeit starke Gebrauchsspuren zeigen. Deshalb sind sie eher nicht für den täglichen Gebrauch geeignet.

3 Recherchiere die Entwicklung des Silberpreises seit 1970. (Seite 136)

a Stelle die Preisentwicklung für Silber grafisch dar.

Silberpreisentwicklung 1970 bis 2015 (USD)

Jahr	Durchschnittlicher Preis in USD
1970	1,76
1975	4,38
1980	20,44
1985	6,13
1990	4,33
1995	5,20
2000	4,95
2005	7,30
2010	20,08
2015	15,72

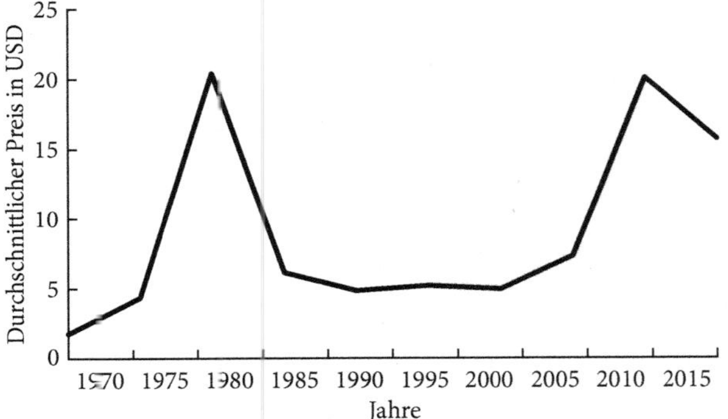

b Beurteile den Nutzen von Silbermünzen oder Silberschmuck als Geldanlage.

Der Silberpreis unterlag in den letzten Jahrzehnten starken Schwankungen, deshalb empfiehlt es sich eher nicht, Silber als Geldanlage zu nutzen.

Seite 138–139: Metalle – aus Atomen aufgebaut

1 Beschreibe die Anordnung der Atome im Kupfer. Verwende dazu die Modelldarstellung (▸ 5).

Der Atomverband erstreckt sich in allen drei Raumrichtungen. In der Modelldarstellung sind die Atome so angeordnet, dass jeweils acht Kupfer-Atome die Ecken eines Würfels bilden. In der Mitte der sechs Flächen des Würfels befindet sich ebenfalls jeweils ein Kupfer-Atom.

2 Nenne die Eigenschaften, die sich mit dem Atommodell von Dalton erklären lassen.

Verformbarkeit, Wärmeleitfähigkeit, Aggregatzustände und der Wechsel zwischen den Aggregatzuständen sowie die Bildung von Legierungen.

3 Der Griff eines Metalllöffels wird schnell genauso heiß wie der Tee in der Tasse. Erläutere.

Metalle sind gute Wärmeleiter. Kommt der Metalllöffel mit dem heißen Tee in Kontakt, schwingen die Atome aufgrund der Temperaturzunahme stärker. Diese Schwingungen können sich aufgrund des Baus im gesamten Atomverband ausbreiten. Die Wärme wird so weitergeleitet.

4 Vergleiche die Beschreibung zum Massenspektrometer mit der Abbildung zum Modellversuch (▸ 7).

In der Beschreibung werden die Atome beschleunigt, dies wird in der Abbildung durch das Hinabfallen aus dem Trichter symbolisiert. Die Ablenkung der Atome aus ihrer Flugbahn durch elektrische oder magnetische Felder wird durch den Föhn dargestellt. Je schwerer ein Atom dabei ist, desto geringer ist seine Ablenkung.

5 Berechne, wie viel u 1 g ergeben.

$$1{,}661 \cdot 10^{-24}\,\text{g} \Leftrightarrow 1\,\text{u} \qquad \div\, 1{,}661 \cdot 10^{-24}$$
$$1\,\text{g} \Leftrightarrow \underline{\underline{6{,}02 \cdot 10^{23}\,\text{u}}}$$

6 Berechne die Masse eines Sauerstoff-Atoms in g.

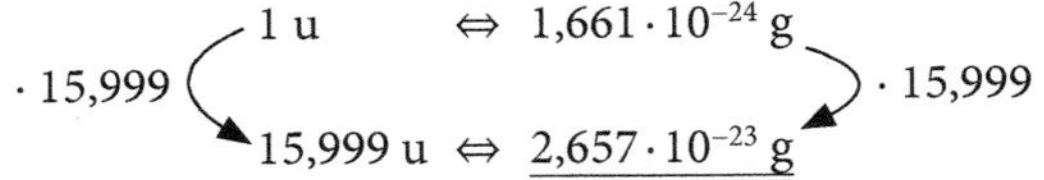

Seite 140–141: Bau des Atoms

1 Erläutere die Ergebnisse des Streuversuchs mithilfe der Modelldarstellung (▸ 3).

Nach dem Kern-Hülle-Modell ist nur ein sehr kleiner Teil des Atoms massiv: der Atomkern. Die Wahrscheinlichkeit ist daher sehr gering, dass Alpha-Strahlung direkt auf diesen Kern trifft und zurückgeworfen wird. Da Atomkern und Alpha-Strahlung positiv geladen sind, kommt es bei einem Teil der Strahlung zur Ablenkung aus der geradlinigen Flugbahn aufgrund der Abstoßungskräfte zwischen den gleichnamigen Ladungen.

2 Erkläre mit dem Kern-Hülle-Modell, warum Atome elektrisch neutral sind.

Im Atomkern befinden sich immer genauso viele positiv geladene Teilchen (Protonen), wie sich negativ geladene

Teilchen (Elektronen) in der Atomhülle befinden. Dadurch gleichen sich die Ladungen gegenseitig aus.

3 Zeichne das Kern-Hülle-Modell von Neon (Ordnungszahl 10).

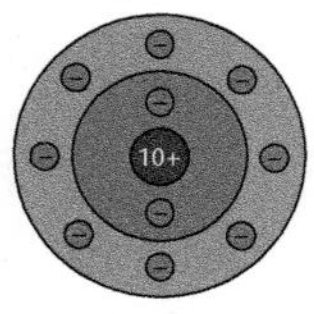

Schalenmodell des Neonatoms

4 Berechne, wie groß ein Atom wäre, wenn der Kern die Größe eines Fußballs hätte (Ø 22 cm).
Der Durchmesser eines Atoms ist ungefähr 10 000-mal größer als der Durchmesser seines Kerns. Hätte der Atomkern die Größe eines Fußballs (22 cm), dann hätte das ganze Atom einen Durchmesser von

10 000 · 22 cm = 220 000 cm = 2,2 km.

Seite 142–143: Der Atomkern

1 Gib an, welche Informationen sich den folgenden Angaben entnehmen lassen: $^{12}_{6}C$, $^{20}_{10}Ne$, $^{63}_{29}Cu$.

Isotop	$^{12}_{6}C$	$^{20}_{10}Ne$	$^{63}_{29}Cu$
Elementname	Kohlenstoff	Neon	Kupfer
Ordnungszahl	6	10	29
Massenzahl	12	20	63
Protonen	6	10	29
Neutronen	6	10	34
Elektronen	6	10	29

2 Gib in einer Tabelle die Kernladungszahl, die Massenzahl, die Zahl der einzelnen Elementarteilchen sowie die Symbolschreibweise für die Atome der Elemente der zweiten Periode an.
Tabelle, siehe unten

Tabelle zu Aufgabe 2 (Seite 142–143: Der Atomkern):

			Anzahl		
Name	**Symbol**	**Massenzahl**	**Protonen**	**Neutronen**	**Elektronen**
Lithium	Li	7	3	4	3
Beryllium	Be	9	4	5	4
Bor	B	11	5	6	5
Kohlenstoff	C	12	6	6	6
Stickstoff	N	14	7	7	7
Sauerstoff	O	16	8	8	8
Fluor	F	19	9	10	9
Neon	Ne	20	10	10	10

3 Begründe, warum die Angabe der Kernladungszahl bei der Symbolschreibweise weggelassen werden kann (z. B. ^{35}Cl statt $^{35}_{17}Cl$).
Die Kernladungszahl beschreibt die Anzahl der Protonen im Atomkern. Bei verschiedenen Isotopen bleibt die Anzahl der Protonen bei einem Element immer gleich. Sie ist für ein Element charakteristisch, d. h., durch die Angabe des Elementsymbols kann die Kernladungszahl z. B. aus der Ordnungszahl geschlossen werden. Somit braucht man zur eindeutigen Charakterisierung eines Isotops nur die Massenzahl.

4 Recherchiere, welche Isotope des Urans existieren. Stelle die Angaben (Atommasse, Massenzahl, Kernladungszahl, relative Häufigkeit) tabellarisch dar.
Isotope des Urans, die bei der Bildung der irdischen Materie entstanden sind:

	Atommasse	Massenzahl	Kernladungszahl	Relative Häufigkeit
$^{234}_{92}U$	234 u	234	92	0,0055 %
$^{235}_{92}U$	235 u	235	92	0,7200 %
$^{238}_{92}U$	238 u	238	92	99,2745 %

5 Berechne aus den Angaben zu den zwei Brom-Isotopen die durchschnittliche Atommasse in u: ^{79}Br (50,7 %; 78,9 u) und ^{81}Br (49,3 %; 80,9 u).

$m_a(\text{Br}) = 78{,}9\ \text{u} \cdot 0{,}507 + 80{,}9\ \text{u} \cdot 0{,}493 = 79{,}90\ \text{u}$

6 Recherchiere die Bedeutung und Verwendung von Deuterium und Tritium.

Deuterium: Eingesetzt wird Deuterium als Moderator in Kernreaktoren (hier in Form von schwerem Wasser), als Brennstoff in Wasserstoffbomben, als Lösungsmittel in der ^{1}H-NMR-Spektroskopie und als Tracer in der Chemie und Biologie. Außerdem soll in zukünftigen Fusionsreaktoren ein Gemisch aus Deuterium und Tritium als Brennstoff verwendet werden.

Tritium: Unter anderem in der Biologie, Chemie und Medizin wird Tritium als Tracer zur Markierung bestimmter Substanzen verwendet. Als Leuchtmittel wird gasförmiges Tritium zusammen mit einem Fluoreszenzmittel in versiegelten Borsilikatglasröhrchen verwendet. Tritium wird in bestimmten Kernfusionsreaktoren zusammen mit Deuterium als Fusionsstoff verwendet. Durch die Verwendung von Tritium sinkt die dafür notwendige Zündtemperatur auf etwa 100 Mio. °C (gegenüber 400 Mio. °C bei einer Deuterium-Deuterium-Reaktion). Tritium wird auch als Leuchtmittel, z. B. auf Uhrenzifferblättern, verwendet. Tritium ist ein entscheidender Bestandteil bestimmter Kernwaffen. Gegenwärtig wird der Einsatz von Tritium zur autarken Energieversorgung von Mikroprozessoren aus Silicium durch die Ausnutzung der beim Beta-Zerfall freiwerdenden Wärme diskutiert.

Seite 144–145: Schalenmodell der Atomhülle nach Bohr

1 Zeichne ein Schalenmodell für ein Kalium-Atom.

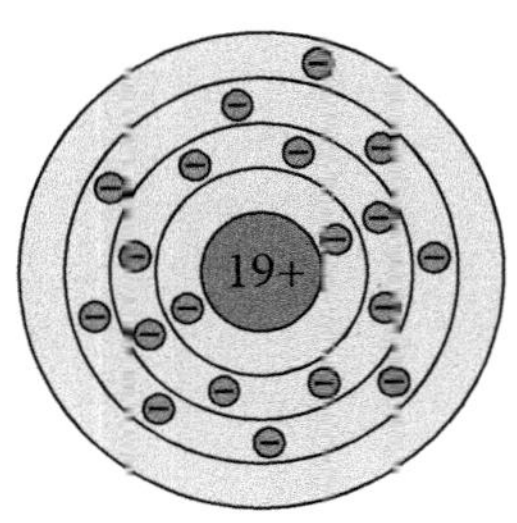

Schalenmodell des Kalium-Atoms

2 Vergleiche das Energieniveauschema eines Calcium-Atoms mit dem eines Schwefel-Atoms.

Gemeinsamkeiten: 1. und 2. Energieniveau sind mit 2 bzw. 8 Elektronen voll besetzt.

Unterschiede:

Calcium	Energieniveauschema	Schwefel
4	Anzahl der Energieniveaus	3
8	Anzahl der Elektronen auf dem 3. Energieniveau	6

3 Gib die Elektronenschreibweise der Elemente Strontium und Phosphor an.

·Sr· |P· (mit Punkten oben und unten)

Seite 146–147: Vom Atombau zum Periodensystem der Elemente

1 Suche im Periodensystem das Element Calcium. Gib von diesem Element die Ordnungszahl, die Nummer der Hauptgruppe und die Nummer der Periode an.

Ordnungszahl: 20; Nr. der Hauptgruppe: II; Nr. der Periode: 4.

2 Prüfe mithilfe des Periodensystems die Richtigkeit der folgenden Aussage: Ein Sauerstoff-Atom hat 8 Elektronen, die auf 3 Elektronenschalen verteilt sind. Begründe deine Entscheidung.

Die Aussage ist falsch. Sauerstoff steht in der 2. Periode. Die acht Elektronen eines Sauerstoff-Atoms sind auf zwei Elektronenschalen verteilt.

3 Die Elektronen eines Atoms sind auf 3 Elektronenschalen verteilt. In der 3. Elektronenschale befinden sich 4 Außenelektronen. Gib an, um welches Atom es sich handelt.

Es handelt sich um ein Atom des Elements Silicium.

4 Beschreibe am Beispiel des Elements Brom den Zusammenhang zwischen dem Atombau und dessen Stellung im Periodensystem.

Atombau	PSE
35 Protonen/35 Elektronen	Ordnungszahl 35
4 Elektronenschalen	4. Periode
7 Außenelektronen	VII. Hauptgruppe

Seite 148: Chemie erlebt – So entstand das Periodensystem

1 Berechne in Döbereiners Triade Chlor–Brom–Iod den Mittelwert der Atommassen der beiden Elemente Chlor und Iod und vergleiche ihn mit der Atommasse von Brom.

Element	Atommasse in u	Mittelwert der Atommassen von Chlor und Iod in u
Chlor	35,45	
Brom	79,90	81,175
Iod	126,90	

Der Mittelwert der Atommassen von Chlor und Iod stimmt etwa mit der Atommasse von Brom überein.

Seite 150–151: Metallbindung – Bau von Metallen

1 Erläutere den Zusammenhang zwischen der Stellung der Metall-Atome im Periodensystem und dem Aufbau der Metalle.
Metall-Atome finden sich im Periodensystem auf der linken Seite. Sie haben in der Regel nur wenige Außenelektronen, die schwach gebunden sind. Aus diesem Grund können die Elektronen im Teilchenverband des Metalls das Elektronengas bilden und sind frei beweglich. Die sich dabei bildenden Metall-Ionen haben eine stabile Edelgaskonfiguration.

2 Erläutere die Metallbindung mithilfe eines Modells.
Im Elektronengasmodell befinden sich positiv geladene Metall-Ionen an festen Plätzen im Metallgitter. Zwischen den Metall-Ionen bewegen sich frei bewegliche, negativ geladene Elektronen (Elektronengas). Die elektrostatischen Anziehungskräfte zwischen diesen Teilchen bewirkt die chemische Bindung.

3 Metalle bestehen aus geladenen Teilchen. Erkläre, warum ein Eisennagel trotzdem ungeladen ist.
Die Ladung der positiv geladenen Metall-Ionen und des negativ geladenen Elektronengases (frei bewegliche Elektronen) gleichen sich gegenseitig aus.

4 Nenne die gemeinsamen Eigenschaften der Metalle und begründe diese mit dem Aufbau der Metalle.
Die gemeinsamen Eigenschaften der Metalle sind eine gute elektrische Leitfähigkeit und Wärmeleitfähigkeit, eine gute Verformbarkeit sowie der metallische Glanz. Die Eigenschaften können mithilfe des Elektronengasmodells gedeutet werden. Die frei beweglichen Elektronen bewegen sich beim Anlegen einer elektrischen Spannung und können durch ihre Beweglichkeit auch Wärmeenergie von einem Ende des Metallgitters zum anderen transportieren. Durch das Elektronengas gleiten die Metall-Ionen beim Verformen aneinander vorbei, ohne dass sie sich gegenseitig abstoßen. Zudem reflektieren sie Licht und erzeugen so den metallischen Glanz.

Seite 154–155: Weitergedacht

Material A: Natrium

1 Diskutiere die Aussagen der Schüler zur angegebenen Frage (► A1). Entscheide und begründe, ob sie richtig sind.
Warum lässt sich Natrium mit einem Messer aus Eisen so gut schneiden?

- Die Schüleraussage, Natriumatome seien „ganz weich" und könnten daher „beim Schneiden von harten Eisenatomen einfach zerquetscht werden" ist falsch. Die Eigenschaften „weich" und „hart" sind Stoffeigenschaften der Metalle und können nicht auf die Atome, aus denen die Stoffe aufgebaut sind, angewendet werden.

- Die Schüleraussage, „zwischen den Natrium-Atomen ist viel mehr Platz, sodass das Messer leicht durchkommt" ist ebenfalls falsch. Auch die Atome im Natrium sind dicht gepackt und werden durch Anziehungskräfte zusammengehalten.

- Die Schüleraussage, Natrium habe „eine niedrigere Schmelztemperatur als Eisen, deshalb ist es schon weicher" ist ebenfalls falsch. Richtig ist, dass die beiden Eigenschaften des Natriums – geringe Schmelztemperatur und geringe Härte / weich – darauf beruhen, dass die Anziehungskräfte zwischen den Atomen im Natrium im Vergleich zu anderen Metallen gering sind. Der Rückschluss, dass Stoffe mit geringer Schmelztemperatur deshalb auch weich sind, ist nicht zulässig.

Hinweis für die Lehrkraft: Mit dieser Aufgabenstellung ist ein Zugang zu Fehlvorstellungen in Bezug auf Stoff- und Teilchenebene von Schülerinnen und Schülern möglich, die besonders im Anfangsunterricht häufig vorkommen.

Hilfe: Nach Daltons Atommodell sind Atome harte, kugelförmige, nicht weiter teilbare Teilchen. Zwischen den Atomen wirken Anziehungskräfte, die z. B. beim Schmelzen überwunden werden müssen.

Mess- oder sichtbare Eigenschaften von Stoffen lassen sich nicht auf die Atome übertragen.

2 Formuliere eine Aussage über den Bau von Natrium und seine besonderen Eigenschaften.

Der Stoff Natrium ist aus regelmäßig angeordneten Natrium-Atomen aufgebaut. Die Natrium-Atome sind unvorstellbar klein und haben eine winzige Masse. Die Natrium-Atome werden durch Anziehungskräfte zusammengehalten. Die Anziehungskräfte zwischen den Atomen im Natrium sind im Vergleich zu den Anziehungskräften der Atome in anderen Metallen geringer. Deshalb ist der Stoff Natrium relativ weich und hat eine geringe Schmelztemperatur (98 °C).

3 Stelle das Schneiden von Natrium mithilfe des Teilchenmodells dar.

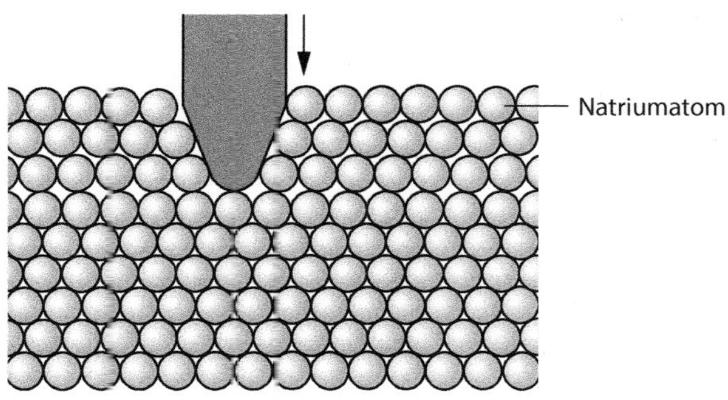

Modellvorstellung zum Schneiden von Natrium

Material B: Metalle im Alltag

1 Ordne den Metallen (► B3) jeweils einen passenden Steckbrief zu (► B1) und begründe deren Verwendung mithilfe der Eigenschaften.

Eisen (im Lehrbuch Bild B3, unten rechts)
Dichte: 7,9 g/cm³
Verformbarkeit: spröde
Schmelztemp.: 1 540 °C
Elektrische Leitfähigkeit: hoch
Veränderung an der Luft: ja

Gold (im Lehrbuch Bild B3, unten links)
Dichte: 19,3 g/cm³
Verformbarkeit: formbar
Schmelztemp.: 1 063 °C
Elektrische Leitfähigkeit: hoch
Veränderung an der Luft: nein

Kupfer (im Lehrbuch Bild B3, oben links)
Dichte: 9,0 g/cm³
Verformbarkeit: formbar
Schmelztemp.: 1 083 °C
Elektrische Leitfähigkeit: sehr hoch
Veränderung an der Luft: ja

Aluminium (im Lehrbuch Bild B3, oben rechts)
Dichte: 2,7 g/cm³
Verformbarkeit: walzbar
Schmelztemp.: 660 °C
Elektrische Leitfähigkeit: hoch
Veränderung an der Luft: nein

Weil *Eisen* chemisch wenig beständig ist, bildet sich auf den Gegenständen an feuchter Luft eine Schicht aus Rost. Diese Eigenschaft wird bei Kunstwerken als Gestaltungselement genutzt.

Gold wird aufgrund seiner sehr guten elektrischen Leitfähigkeit in der Elektroindustrie für Kontakte auf Platinen benutzt. Wegen seiner guten Verformbarkeit und Wärmeleitfähigkeit wird es auch in der Zahntechnik verwendet.

Kupfer findet Anwendung bei Heiz- und Kühlanlagen und für Rohre und Dachrinnen, da es chemisch beständig ist.

Aluminium bildet widerstandsfähige Legierungen und wird im Haushalt als Alufolie, im Bauwesen für Fensterrahmen und Armaturen sowie in der chemischen Industrie für Behälter und Rohrleitungen verwendet. Wegen seiner geringen Dichte findet es als Leichtmetall auch im Fahrzeug- und Flugzeugbau Anwendung.

2 Nenne weitere Eigenschaften der Metalle und ergänze die Steckbriefe.

Siedetemperatur von Eisen: etwa 3 000 °C; Farbe: grau-mattglänzend; Eisen ist magnetisch.
Siedetemperatur von Gold 2 970 °C; Farbe: rötlich bis gelb; nicht magnetisch
Siedetemperatur von Kupfer 2 600 °C; Farbe: rotbraun; nicht magnetisch
Siedetemperatur von Aluminium 2 450 °C; silberglänzend; nicht magnetisch

3 Gib weitere Verwendungsmöglichkeiten eines der Metalle an und begründe mit dessen Eigenschaften (► B1).

Eisen (Gusseisen) kann aufgrund seiner guten Wärmeleitfähigkeit für Kochgeschirr verwendet werden, außerdem ist Eisen magnetisierbar, weshalb es in Dauermagneten benutzt wird.

4 Stahl ist eine Eisenlegierung. Vergleiche die Steckbriefe von Eisen und Stahl (► B1, ► B2). Leite daraus den vielseitigen Einsatz von Stahl ab.

Eisen und Stahl haben etwa die gleiche Dichte und sind

beide gute elektrische Leiter. In den anderen Eigenschaften unterscheiden sie sich jedoch deutlich: Stahl kann im Gegensatz zu Eisen sehr gut bearbeitet und verformt werden. Die Schmelztemperatur von Stahl ist von der Zusammensetzung der Legierung abhängig. Sie ist jedoch immer geringer als die von Eisen, sodass für das Schmelzen weniger Energie aufgewendet werden muss. Aufgrund der besseren chemischen Beständigkeit rostet Stahl weniger als Eisen. Gegenstände aus Stahl verwittern deshalb weniger stark als Gegenstände aus Eisen.

Material C: Dem Bau der Atome auf der Spur

1 Prüfe die drei Skizzen a, b und c auf ihre Vereinbarkeit mit dem Kern-Hülle-Modell des Atoms und interpretiere die Überraschung Rutherfords zum Ausgang seines Streuversuchs (▸ C2, C1).

Bei Skizze a wurden auf dem gesamten Schirm etwa gleich viele Einschläge registriert, d. h. praktisch alle Alpha-Teilchen wurden abgelenkt.

Bei Skizze b werden vor allem Einschläge direkt hinter der Folie (ohne Ablenkung) registriert. Die restlichen Einschläge verteilen sich auf dem gesamten Schirm.

Bei Skizze c wurden alle Alpha-Teilchen an der Folie zurückgeworfen.

Skizze b entspricht am ehesten dem Kern-Hülle-Modell, da viele Alpha-Teilchen ohne Ablenkung durch die Folie geflogen sind.

Rutherfords Äußerung bezieht sich auf die Beobachtung, dass ein Teil der Alpha-Strahlung beim Versuch von der Goldfolie zurückgeworfen wurde. Er nahm ursprünglich an, dass die Strahlung ungehindert die Folie passieren würde.

Hilfe: Das Kern-Hülle-Modell sagt aus, dass Atome aus einem sehr kleinen, massiven Atomkern und einer dazu 10 000-mal größeren Atomhülle bestehen, die bis auf die Elektronen fast vollständig leer ist.
Alpha-Strahlung sind elektrisch positiv geladene Teilchen.
Atomkerne sind elektrisch positiv geladen.
Zum Zeitpunkt des Streuversuchs war bekannt, dass Elektronenstrahlung (Beta-Strahlung) dünne Folien ungehindert passieren konnten. Rutherford schloss daraus, dass dies auch für andere radioaktive Strahlung zutreffend sei.

2 Zeichne eine mögliche Modelldarstellung der Flugbahn der Alpha-Teilchen durch die Goldfolie anhand der Skizzen, die zwar zu Thomsons Vorstellungen von Atomen passen, aber im Widerspruch zum Kern-Hülle-Modell stehen (▸ C2).

Alpha-Strahlung müsste zu einem geringen Teil an den Atomkernen abprallen bzw. zurückgeworfen werden. Bei Thomsons Rosinenkuchen-Modell wäre auch denkbar, dass die Alpha-Teilchen in den Atomen „stecken bleiben“ und diese positiv aufladen.

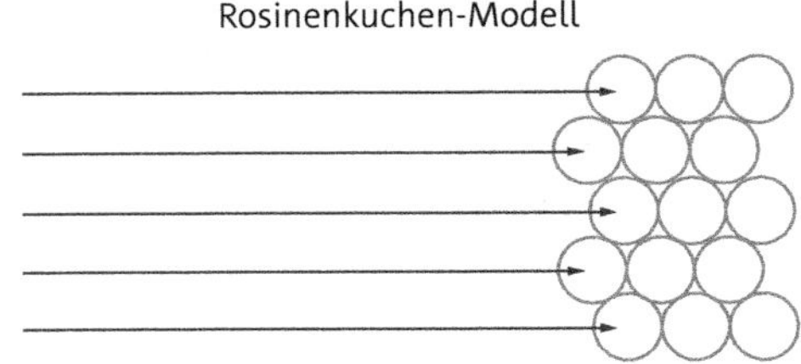

Nach Thomson bestehen Atome aus kleinen, elektrisch negativ geladenen Elektronen, die sich in einer positiv geladenen Masse verteilen.

3 Diskutiere, ob die drei Gegenstände dazu geeignet sind, Vorstellungen zum Bau der Atome zu vermitteln (▸ C3).

Eine Boule-Kugel eignet sich als Veranschaulichung für ein Modell, bei dem Atome starre, feste Kugeln mit einer bestimmten Masse und Größe sind. Boule-Kugeln gibt es allerdings nur in einer Größe, sodass keine verschiedenen Atomarten dargestellt werden können.

Die Muschel eignet sich als Veranschaulichung für das Kern-Hülle-Modell. Die Muschelschale stellt dabei die Atomhülle dar, in der sich die Perle als Atomkern befindet. Allerdings ist auch nach dem Kern-Hülle-Modell das Atom kugelförmig. Zudem ist die Atomhülle nur der Bereich, in dem sich die Elektronen aufhalten und kein „greifbarer“ Bestandteil des Atoms wie eine Muschelschale.

Die Wassermelone eignet sich als Veranschaulichung für das Rosinenkuchen-Modell von Thomson. Die Melonenkerne stellen die Elektronen dar, die im „positiv geladenen“ Fruchtfleisch verteilt sind.

Material D: Das PSE von Julius Lothar Meyer

1 Beschreibe den Aufbau des Periodensystems von Meyer und vergleiche es mit dem Periodensystem von Mendelejew und dem heute gültigen Periodensystem der Elemente.

Das Periodensystem von Meyer besteht aus 9 Spalten und 15 Zeilen und weist zwischendurch einige Lücken auf. Dargestellt sind jeweils das Element mit seinem Symbol und die Atommasse dieses Elements. Die Elemente sind innerhalb einer Zeile aufsteigend nach ihrer Atommasse geordnet. Innerhalb einer Spalte ist das nicht der Fall, z. B. I. Spalte. Die bekannten Elementfamilien sind in den Zeilen erkennbar (z. B. Alkalimetalle beginnend mit Li).

Das Periodensystem von Mendelejew hat nur 8 Spalten und 12 Zeilen. Die Elemente sind nach ihrer Atommasse sowohl innerhalb einer Zeile als auch in den Spalten sortiert. Lücken wurden mit einer vorhergesagten Atommasse gefüllt. Die bekannten Elementfamilien finden sich in den Spalten wieder, werden aber um mit nicht zugehörigen Elementen ergänzt. In Mendelejews PSE findet sich das Element Wasserstoff wieder. In beiden Periodensystemen sind die Edelgase nicht bekannt.

Die Elemente im heutigen Periodensystem sind aufsteigend nach ihrer Kernladungszahl in 8 Hauptgruppen und 10 Nebengruppen (Spalten) bzw. 7 Perioden (Zeilen) sortiert. In den Hauptgruppen befinden sich die bekannten Elementfamilien wieder, z. B. I. Hauptgruppe die Alkalimetalle. In der VIII. Hauptgruppe befinden sich die heute bekannten Edelgase. Neben der Kernladungszahl sind die Elemente nach ihrem Atombau gegliedert. Elemente mit gleicher Anzahl Außenelektronen bilden eine Hauptgruppe. Elemente mit gleicher Anzahl besetzter Elektronenschalen eine Periode.

2 1869 fand Meyer heraus, dass gleichartige Elemente ein gleichartiges Atomvolumen im Vergleich zu anderen Elementen haben. „Alkinische Elemente“ (heute: Alkalimetalle) haben z. B. ein sehr großes Atomvolumen. Erkläre diesen Sachverhalt aus heutiger Sicht.
Im heutigen Periodensystem der Elemente stehen die Alkalimetalle in der I. Hauptgruppe. Ihre Atome besetzen als erste Elemente eine weitere Schale mit einem Elektron. Innerhalb einer Periode hat das entsprechende Alkalimetall jeweils den größten Atomradius, da die Elektronen nachfolgender Elemente aufgrund der wachsenden Kernladungszahl stärker angezogen werden und sich näher am Atomkern befinden.

Hilfe: Je größer das Atomvolumen, desto größer ist auch der Atomradius eines Elements.
Der Atomradius kann aus der Stellung des Elements im Periodensystem abgeleitet werden.
Der Atomradius nimmt innerhalb einer Periode von links nach rechts ab und nimmt innerhalb einer Gruppe von oben nach unten zu.

3 Der englische Chemiker Newlands fand heraus, dass sich bei einer Ordnung der Elemente nach steigender Atommasse die chemischen Eigenschaften in jeder achten Position wiederholen. Dies verglich er mit den Oktaven aus der Musik. Sein Vergleich wurde anfangs als unwissenschaftlich abgelehnt. Beurteile diese Haltung mit dem heutigen Wissen.
Aus heutiger Sicht ist bekannt, dass sich Elemente in ihren Eigenschaften ähneln, die die gleiche Anzahl an Außenelektronen aufweisen. Im heutigen Periodensystem existieren 8 Hauptgruppen, in denen sich jeweils Elemente mit sehr ähnlichen Eigenschaften befinden (Elementfamilien), da sie übereinstimmend die gleiche Anzahl an Außenelektronen aufweisen. Betrachtet man nur diese Hauptgruppenelemente im heutigen Periodensystem, dann wiederholen sich tatsächlich nach 8 Elementen die Eigenschaften.

Hilfe: Die dir bekannten Elementfamilien entsprechen jeweils einer Hauptgruppe im heutigen Periodensystem.
Im Periodensystem existieren 8 Hauptgruppen.

Metallherstellung – Redoxreaktionen

Seite 160–161: Einige Oxide

1 Beschreibe den Bau von Nichtmetall- und Metalloxiden.
Nichtmetalloxide sind Molekülverbindungen. Jedes Molekül besteht aus mindestens zwei fest miteinander verbundenen Atomen. Metalloxide sind nicht aus Molekülen aufgebaut. In ihnen sind Metallteilchen und Sauerstoff-Teilchen fest miteinander verbunden. Diese Teilchen ordnen sich zu großen Verbänden regelmäßig an.

2 Informiere dich über Verwendung und Bedeutung folgender Oxide: Magnesiumoxid, Stickstoffoxide, Eisenoxide, Schwefeldioxid. Ordne die Oxide den verschiedenen Oxidgruppen zu.
Metalloxide: Magnesiumoxid, Eisenoxide. *Nichtmetalloxide:* Stickstoffoxide, Phosphoroxide. *Magnesiumoxid:* feuerfeste Ausmauerungen in Öfen und Wärmeanlagen, Hitzeschilder in Weltraumfähren, Bestandteil von Hautsalben, Mittel gegen Magenübersäuerung und Säurevergiftungen.
Eisenoxide: in der Metallurgie zur Eisengewinnung (Erze, Schrott), Eisen(III)-oxidpulver als Pigmentfärbemittel und zur Herstellung von Magnetbändern, Polierpulver für Gläser, Herstellung von Katalysatoren und Elektrodenmaterial. *Stickstoffoxide:* Lachgas (Distickstoffmonooxid N_2O): Inhalationsnarkotikum und Treibgas für Sprays, z.B. im pharmazeutischen, kosmetischen und Lebensmittelsektor (z.B. für Schlagsahne), für Möbelpolituren, Haushaltsstärken.
Stickstoffdioxid NO_2: als Oxidationsmittel für verschiedene chemische Prozesse, als Zusatz für Raketentreibstoffe. Im Gemisch mit Stickstoffmonooxid NO dient es der Herstellung von Salpetersäure und Ammoniumnitrit.
Phosphoroxide: Diphosphorpentaoxid P_2O_5: zum Trocknen von Gasen, Flüssigkeiten und festen Stoffen, zur Abspaltung von Wasser aus organischen Verbindungen, zur Herstellung von Phosphorsäure und anderen Phosphorverbindungen, zur Erhöhung des Erweichungspunkts von Asphalten.

3 Gib die Bedeutung folgender Formeln an: CaO, Fe_2O_3, NO_2, SO_3 und TiO_2.
CaO: Stoff Calciumoxid; in einer Baueinheit CaO ist das Zahlenverhältnis Calcium-Teilchen zu Sauerstoff-Teilchen 1 : 1.
Fe_2O_3: Stoff Eisenoxid; in einer Baueinheit Fe_2O_3 ist das Zahlenverhältnis Eisen-Teilchen zu Sauerstoff-Teilchen 2 : 3.
NO_2: Stoff Stickstoffdioxid, ein Molekül Stickstoffdioxid; in einem Molekül sind ein Stickstoff-Atom und zwei Sauerstoff-Atome miteinander verbunden.
SO_3: Stoff Schwefeltrioxid, ein Molekül Schwefeltrioxid; in einem Molekül sind ein Schwefel-Atom und drei Sauerstoff-Atome miteinander verbunden.
TiO_2: Stoff Titanoxid; in einer Baueinheit TiO_2 ist das Zahlenverhältnis Titan-Teilchen zu Sauerstoff-Teilchen 1 : 2.

4 Leite aus den Namen die Formeln ab für: Stickstoffmonooxid, Calciumoxid, Dichlortrioxid und Diphosphorpentaoxid.
Stickstoffmonooxid: NO
Calciumoxid: CaO
Dichlortrioxid: Cl_2O_3
Diphosphorpentaoxid: P_2O_5

5 Vergleiche Bau und Eigenschaften von Nichtmetall- und Metalloxiden.
Nichtmetalloxide bestehen aus Molekülen. Metalloxide bestehen aus Baueinheiten, die große Teilchenverbände bilden. Viele Nichtmetalloxide sind gasförmig, sie haben also relativ kleine Schmelz- und Siedetemperaturen. Metalloxide sind fest und kristallin. Sie haben häufig hohe Schmelz- und Siedetemperaturen.

6 Erläutere den Begriff Molekülformel. Gib Beispiele dafür an.
Eine chemische Formel besteht aus Elementsymbolen und Index. Die chemische Formel für ein Molekül wird auch Molekülformel genannt. Sie gibt die genaue Zusammensetzung eines Moleküls an. Die Molekülformel kennzeichnet einen bestimmten Stoff und ein Molekül dieses Stoffs. Beispiele: H_2O – Molekülformel von Wasser, CO – Molekülformel von Kohlenstoffmonooxid, SO_2 – Molekülformel von Schwefeldioxid.

Seite 162–163: Oxidation – Reduktion – Redoxreaktion

1 Kupfer lässt sich auch durch Reaktion von Kupfer(II)-oxid mit Eisen herstellen. Stelle die Reaktionsgleichung auf und skizziere die Reaktion auf Teilchenebene. Kennzeichne Oxidation und Reduktion.

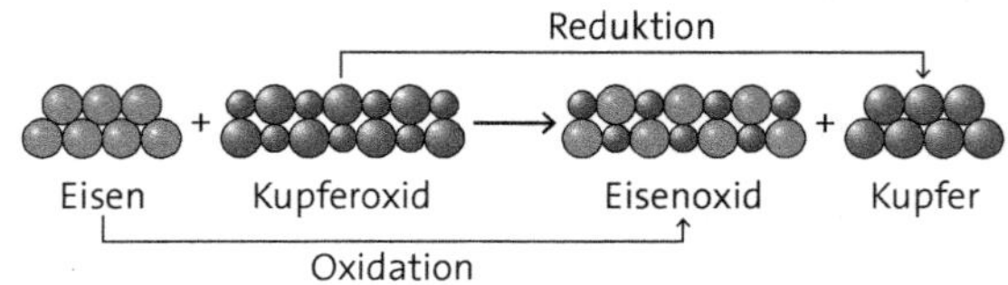

2 Erkläre, dass nur edle Metalle in der Natur elementar vorkommen.

Unedle Metalle haben ein hohes Bestreben mit Sauerstoff (und anderen Stoffen) zu reagieren und bilden sehr stabile Oxide (und andere Verbindungen). Luftsauerstoff ist so gut wie immer vorhanden, sodass unedle Metalle mit ihm eine Verbindung eingehen können. Sie kommen deshalb nicht elementar in der Natur vor. Edle Metalle hingegen haben eine deutlich geringere Reaktivität und kommen deshalb auch im elementaren Zustand vor.

3 Bei der Reaktion von Kupfer(II)-oxid mit Zink sind Zinkoxid und Kupfer entstanden. Stelle eine begründete Vermutung auf, ob sich auf gleiche Weise auch Zink und Kupfer(II)-oxid aus Zinkoxid und Kupfer herstellen lassen.

Prinzipiell sind alle chemischen Reaktionen umkehrbar, sodass die Reaktion auch in die entgegengesetzte Richtung ablaufen sollte. Allerdings sind dazu die Reaktionsbedingungen zu beachten. Die Reaktion von Zink und Kupferoxid ist exotherm, das heißt, die Reaktionsprodukte haben weniger Energie als die Ausgangsstoffe und sind damit stabiler. Für die Reaktion von Zinkoxid mit Kupfer müsste Energie aufgewendet werden. „Auf gleiche Weise" lassen sich Zinkoxid und Kupfer also nicht zu Zink und Kupferoxid umsetzen.

Seite 164: Redoxreihe der Metalle

1 Entscheide und begründe, ob die Reaktion zwischen diesen Stoffen möglich ist. Formuliere die Reaktionsgleichung und kennzeichne Oxidation und Reduktion.

a Zinkoxid und Magnesium

Die Reaktion ist möglich. Da Magnesium eine größere Reaktivität mit Sauerstoff hat, kann es Zinkoxid den Sauerstoff entziehen.

Oxidation (Mg → MgO)

$ZnO\ (s) + Mg\ (s) \rightarrow Zn\ (s) + MgO\ (s)$ | exotherm

Reduktion (ZnO → Zn)

b Silberoxid und Eisen

Die Reaktion ist möglich. Da Eisen eine größere Reaktivität mit Sauerstoff hat, kann es Silberoxid den Sauerstoff entziehen.

Oxidation (Fe → FeO)

$Ag_2O\ (s) + Fe\ (s) \rightarrow 2\ Ag\ (s) + FeO\ (s)$ | exotherm

Reduktion (Ag_2O → Ag)

c Kupferoxid und Gold

Die Reaktion ist nicht möglich. Da Gold eine geringere Reaktivität mit Sauerstoff hat, kann es Kupferoxid den Sauerstoff nicht entziehen.

d Kupferoxid und Natrium

Die Reaktion ist möglich. Da Natrium eine größere Reaktivität mit Sauerstoff hat, kann es Kupferoxid den Sauerstoff entziehen.

Oxidation (Na → Na_2O)

$CuO\ (s) + 2\ Na\ (s) \rightarrow Cu\ (s) + Na_2O\ (s)$ | exotherm

Reduktion (CuO → Cu)

Seite 166–167: Weitere Redoxreaktionen

1 Erstelle für die Reaktion von Magnesium mit Kohlenstoffdioxid ein Energiediagramm und erläutere es.

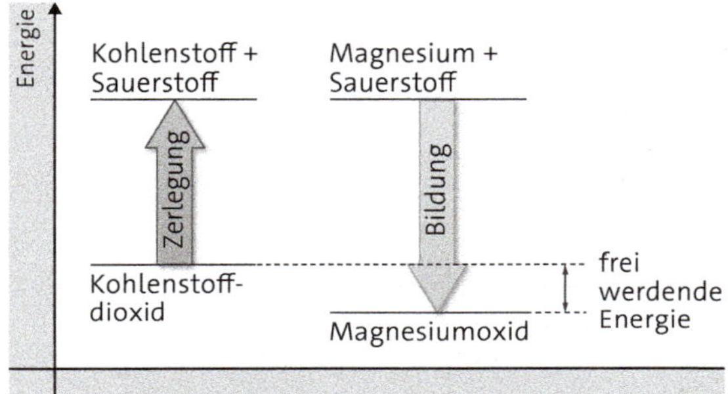

Die Zerlegung von Kohlenstoffdioxid zu Sauerstoff und Kohlenstoff ist eine endotherme Reaktion. Die Bildung von Magnesiumoxid aus Magnesium und Sauerstoff ist exotherm. Der Energiebetrag, der dabei frei wird, ist größer als der, der für die Zerlegung aufgewendet werden muss. Insgesamt ist die Redoxreaktion deshalb exotherm.

2 Formuliere für die Reaktion von Magnesium mit Wasser die Reaktionsgleichung. Skizziere auch eine Darstellung der Reaktion im Teilchenmodell.

$Mg\ (s) + H_2O\ (l) \rightarrow MgO\ (s) + H_2\ (g)$

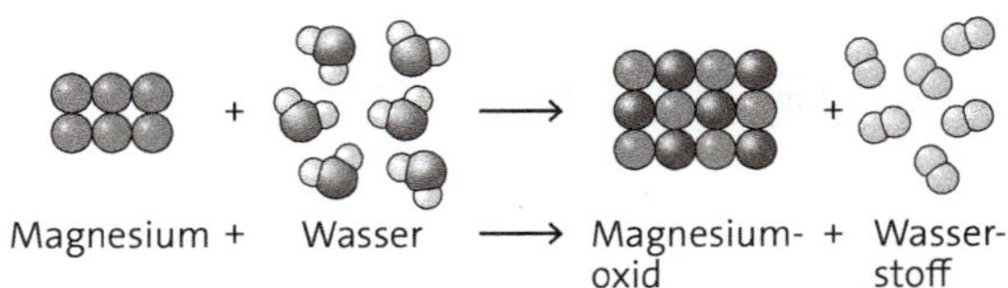

3 Formuliere die Reaktionsgleichung für die Redoxreaktion von Eisenoxid (FeO) und Kohlenstoff. Kennzeichne Oxidation und Reduktion.

Oxidation (C → CO_2)

$2\ FeO\ (s) + C\ (s) \rightarrow 2\ Fe\ (s) + CO_2\ (g)$

Reduktion (FeO → Fe)

4 Begründe, ob mithilfe von Wasserstoff Magnesiumoxid reduziert werden kann.

Die Reduktion von Magnesiumoxid mit Wasserstoff ist die Umkehrung der Reaktion von Wasser mit Magnesium. Da diese Redoxreaktion exotherm abläuft, ist die Umkehrung nicht möglich. Die Energie der Bildung von Wasser reicht nicht aus, um Magnesiumoxid den Sauerstoff zu entziehen.

Seite 168–169: Stoffmenge und molare Masse

1 Bestimme die Stoffmenge aus der Teilchenanzahl:

a $N(Mg) = 1{,}2 \cdot 10^{23}$

$\frac{n(Mg)}{1{,}2 \cdot 10^{23}} = \frac{1\ mol}{6 \cdot 10^{23}}$ $n(Mg) = 0{,}2\ mol$

b $N(SO_2) = 4{,}5 \cdot 10^{24}$

$\frac{n(SO_2)}{4{,}5 \cdot 10^{24}} = \frac{1\ mol}{6 \cdot 10^{23}}$ $n(SO_2) = 7{,}5\ mol$

c $N(Cl_2) = 1{,}5 \cdot 10^{23}$

$\frac{n(Cl_2)}{1{,}5 \cdot 10^{23}} = \frac{1\ mol}{6 \cdot 10^{23}}$ $n(Cl_2) = 0{,}25\ mol$

d $N(FeS) = 3{,}6 \cdot 10^{22}$

$\frac{n(FeS)}{3{,}6 \cdot 10^{22}} = \frac{1\ mol}{6 \cdot 10^{23}}$ $n(FeS) = 0{,}06\ mol$

2 Berechne die Teilchenanzahl aus der Stoffmenge:

a $n(H_2O) = 3\ mol$

$\frac{N(H_2O)}{3\ mol} = \frac{6 \cdot 10^{23}}{1\ mol}$ $N(H_2O) = 1{,}8 \cdot 10^{24}$

b $n(O_2) = 0{,}02\ mol$

$\frac{N(O_2)}{0{,}02\ mol} = \frac{6 \cdot 10^{23}}{1\ mol}$ $N(O_2) = 1{,}2 \cdot 10^{22}$

c $n(Cu_2S) = 4{,}25\ mmol$

$\frac{N(Cu_2S)}{4{,}25\ mmol} = \frac{6 \cdot 10^{23}}{1\ mol}$ $N(Cu_2S) = 2{,}55 \cdot 10^{21}$

d $n(MnO_2) = 0{,}72\ mol$

$\frac{N(MnO_2)}{0{,}72\ mol} = \frac{6 \cdot 10^{23}}{1\ mol}$ $N(MnO_2) = 4{,}32 \cdot 10^{23}$

3 Bestimme jeweils die molare Masse:

a Kohlenstoffmonooxid (CO)

$M(CO) = 1 \cdot 12\ \frac{g}{mol} + 1 \cdot 16\ \frac{g}{mol} = 28\ \frac{g}{mol}$

b Silberoxid (Ag_2O)

$M(Ag_2O) = 2 \cdot 108\ \frac{g}{mol} + 1 \cdot 16\ \frac{g}{mol} = 232\ \frac{g}{mol}$

c Eisenoxid (Fe_2O_3)

$M(Fe_2O_3) = 2 \cdot 56\ \frac{g}{mol} + 3 \cdot 16\ \frac{g}{mol} = 160\ \frac{g}{mol}$

d Ethanol (C_2H_6O)

$M(C_2H_6O) = 2 \cdot 12\ \frac{g}{mol} + 6 \cdot 1\ \frac{g}{mol} + 1 \cdot 16\ \frac{g}{mol} = 46\ \frac{g}{mol}$

e Glucose ($C_6H_{12}O_6$)

$M(C_6H_{12}O_6) = 6 \cdot 12\ \frac{g}{mol} + 12 \cdot 1\ \frac{g}{mol} + 6 \cdot 16\ \frac{g}{mol} = 180\ \frac{g}{mol}$

Seite 170–171: Massenberechnung bei chemischen Reaktionen

1 Berechne die Stoffmenge, die in einer Stoffportion Kohlenstoff mit $m(C) = 180\ g$ enthalten ist.

$n = \frac{m}{M}$

$n(C) = \frac{180\ g}{12\ \frac{g}{mol}} = 15\ mol$

2 Berechne die jeweilige Masse und die jeweilige Stoffmenge der Stoffportion bei gegebener Teilchenanzahl:

$\frac{n}{N} = \frac{1\ mol}{6 \cdot 10^{23}};\ m = M \cdot n$

a $N(He) = 1 \cdot 10^{23}$

$\frac{n(He)}{1 \cdot 10^{23}} = \frac{1\ mol}{6 \cdot 10^{23}}$ $n(He) \approx 0{,}167\ mol$

$m(He) = 4\ \frac{g}{mol} \cdot 0{,}167\ mol \approx 0{,}668\ g$

b $N(Cl_2) = 1{,}5 \cdot 10^{23}$

$\frac{n(Cl_2)}{1{,}5 \cdot 10^{23}} = \frac{1\ mol}{6 \cdot 10^{23}}$ $n(Cl_2) = 0{,}25\ mol$

$m(Cl_2) = 71\ \frac{g}{mol} \cdot 0{,}25\ mol = 17{,}75\ g$

c $N(SO_2) = 3 \cdot 10^{23}$

$\frac{n(SO_2)}{3 \cdot 10^{23}} = \frac{1\ mol}{6 \cdot 10^{23}}$ $n(SO_2) = 0{,}5\ mol$

$m(SO_2) = 64\ \frac{g}{mol} \cdot 0{,}5\ mol = 32\ g$

3 Berechne die Stoffmenge und Teilchenanzahl von Zucker ($C_{12}H_{22}O_{11}$) in einem Liter Cola [β(Zucker) = 106 g/L].

$$n = \frac{m}{M}; \frac{N}{n} = \frac{6 \cdot 10^{23}}{1 \text{ mol}}$$

$$n(C_{12}H_{22}O_{11}) = \frac{106 \text{ g}}{342 \frac{\text{g}}{\text{mol}}} \approx 0{,}31 \text{ mol}$$

$$\frac{N(C_{12}H_{22}O_{11})}{0{,}31 \text{ mol}} = \frac{6 \cdot 10^{23}}{1 \text{ mol}}$$

$$N(C_{12}H_{22}O_{11}) = 1{,}86 \cdot 10^{23}$$

4 Eine Stoffportion von 160 g Magnesium reagiert mit Kohlenstoffdioxid zu Magnesiumoxid und Kohlenstoff.

a Formuliere die Reaktionsgleichung.

2 Mg (s) + CO_2 (g) → 2 MgO (s) + C | exotherm

b Berechne die Stoffmenge an Magnesium.

Gegeben: m(Mg) = 160 g

M(Mg) = 24 g/mol

Gesucht: n(Mg)

Lösung:

$$n(\text{Mg}) = \frac{m(\text{Mg})}{M(\text{Mg})} = \frac{160 \text{ g}}{24 \frac{\text{g}}{\text{mol}}} = \underline{\underline{6{,}67 \text{ mol}}}$$

Antwort: Es sind 6,67 mol Magnesium.

c Berechne die entstehende Masse an Magnesiumoxid, wenn das Magnesium vollständig mit Kohlenstoffdioxid reagiert.

Gegeben: M(MgO) = 40 g/mol

Gesucht: m(MgO)

Lösung:

$$\frac{n(\text{MgO})}{n(\text{Mg})} = \frac{2}{2} = \frac{1}{1} \Rightarrow n(\text{MgO}) = n(\text{Mg}) = \underline{\underline{6{,}67 \text{ mol}}}$$

$$m(\text{MgO}) = n(\text{MgO}) \cdot M(\text{MgO}) = 6{,}67 \text{ mol} \cdot 40 \frac{\text{g}}{\text{mol}}$$

$$= 266{,}67 \text{ g}$$

Antwort: Es entstehen 266,67 g Magnesiumoxid.

d Berechne auch die entstehende Masse an Kohlenstoff.

Gegeben: M(C) = 12 g/mol

Gesucht: m(C)

Lösung:

$$\frac{n(\text{C})}{n(\text{Mg})} = \frac{1}{2} \Rightarrow n(\text{C}) = \frac{1}{2} \cdot n(\text{Mg}) = \underline{\underline{3{,}33 \text{ mol}}}$$

$$m(\text{C}) = n(\text{C}) \cdot M(\text{C}) = 3{,}33 \text{ mol} \cdot 12 \frac{\text{g}}{\text{mol}}$$
$$= 40 \text{ g}$$

Antwort: Es entstehen 40 g Kohlenstoff.

Seite 173–175: Technisch bedeutsame Redoxreaktionen

1 Kennzeichne in der Reaktionsgleichung für die Reaktion von Eisenoxid (Fe_2O_3) mit Kohlenstoffmonooxid Oxidation und Reduktion und benenne Oxidations- und Reduktionsmittel (► 1). (Seite 174)

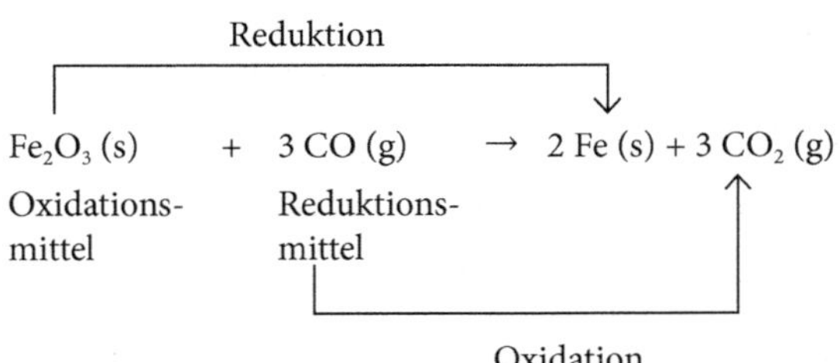

2 Beschreibe die Vorgänge im Hochofen mithilfe des Schemas (► 1). (Seite 174)

Die festen Ausgangsstoffe (Eisenerz, Koks und Zuschläge) werden oben in den Hochofen eingefüllt. Hier werden sie durch die heißen gasförmigen Stoffe getrocknet und vorgewärmt, die Gase werden hierdurch abgekühlt. Dann werden die Eisenoxide durch Kohlenstoffmonooxid zu Eisen reduziert, dabei entsteht Kohlenstoffdioxid. Im unteren Bereich des Hochofens reagiert Kohlenstoff mit Kohlenstoffdioxid zu Kohlenstoffmonooxid. Weiterhin bildet sich hier Schlacke und Kohlenstoff löst sich im gebildeten Eisen. Im Bereich der Windzufuhr oxidiert Koks zu Kohlenstoffdioxid. Am Fuß des Hochofens werden flüssige Schlacke und geschmolzenes Eisen abgestochen.

3 Erkläre den Sachverhalt, dass die Schlacke das Roheisen vor einer Oxidation schützt. (Seite 174)

Schlacke schützt die darunterliegende Schicht aus Roheisen vor Oxidation, da die auf dem Eisen schwimmende Schlackeschicht den Kontakt von Eisen und Luftsauerstoff verhindert.

4 Informiere dich über Eigenschaften und Verwendung von Gusseisen. (Seite 174)

Eigenschaften: gießbar, geringe Bruch- und Schlagfestigkeit, hart, aber spröde

Verwendung: zur Herstellung von Kanaldeckeln, Heizkörpern, Öfen, Röhren, Motorblöcken, Maschinenteilen

1 Formuliere die Reaktionsgleichung für die aluminothermische Gewinnung von Mangan und Chrom. Kennzeichne Oxidation und Reduktion. (Seite 175)

Reduktion

$$3\,MnO_2\,(s) + 4\,Al\,(s) \rightarrow 3\,Mn\,(s) + 2\,Al_2O_3\,(s)$$

Oxidation

Reduktion

$$Cr_2O_3\,(s) + 2\,Al\,(s) \rightarrow 2\,Cr\,(s) + Al_2O_3\,(s)$$

Oxidation

2 Begründe, dass das aluminothermische Verfahren besonders zur Herstellung kleiner Stoffportionen geeignet ist. (Seite 175)

Aus der Sauerstoffaffinitätsreihe ist erkennbar, dass Aluminium selbst ein unedles Metall ist. In der Natur kommt es nur in Verbindungen vor. Aluminium muss daher mit einem hohen Energieaufwand gewonnen werden. Nur die Verwendung von kleinen Mengen im aluminothermischen Verfahren ist wirtschaftlich. Des Weiteren sind die Produkte stark verunreinigt und der Reinigungsprozess wäre zu teuer.

Seite 176–177: Stahl – ein vielseitiger Werkstoff

1 Recherchiere, die Auswirkungen des Zusatzes von Vanadium und Mangan auf die Eigenschaften von Stahl.

Der Zusatz von Vanadium erhöht die Zähigkeit, Härte und Schlag- und Warmfestigkeit. Der Zusatz von Mangan erhöht die Härte und Zähigkeit.

2 Stelle für die im Konverter ablaufenden Reaktionen jeweils die Reaktionsgleichung auf.

Kohlenstoff + Sauerstoff → Kohlenstoffdioxid

Silicium + Sauerstoff → Siliciumdioxid

Schwefel + Sauerstoff → Schwefeldioxid

(Phosphor + Sauerstoff →Phosphorpentoxid)

3 Erkläre die Kühlwirkung von Stahlschrott im Konverter.

Damit der Schrott schmelzen kann, müssen die Eisenteilchen in größere Bewegung versetzt werden. Dazu müssen sie Energie aus der Umgebung aufnehmen. Entsprechend wird die Umgebung – die flüssige Eisenmasse – dadurch etwas abgekühlt.

4 2017 wurden weltweit rund 1,2 Milliarden Tonnen Roheisen produziert.

a Berechne die Gesamtmasse an Kohlenstoffdioxid, die dadurch entstanden ist.

Pro Kilogramm Roheisen entstehen 1,8 kg Kohlenstoffdioxid. 2017 wurden 1 200 000 000 t, also 1 200 000 000 000 kg Roheisen hergestellt.

$$1.200.000.000.000 \text{ kg (Eisen)} \cdot 1{,}8 \frac{\text{kg (Kohlenstoffdioxid)}}{\text{kg (Roheisen)}}$$

= 2,16 Billionen Kilogramm Kohlenstoffdioxid

2,16 Billionen Kilogramm Kohlenstoffdioxid wurden 2017 durch die Roheisenproduktion ausgestoßen.

b Vergleiche mit der Gesamtmasse von Kohlenstoffdioxid für 2017 (36 Billionen Kilogramm).

Die Masse an Kohlenstoffdioxid, die bei der Roheisenproduktion ausgestoßen wird, entspricht rund 6 % der Gesamtmasse an Kohlenstoffdioxid für 2017.

Seite 180–181: Weitergedacht

Material A: Damaszener Stahl

1 Beschreibe den Aufbau eines Rennofens und erläutere die darin ablaufenden Vorgänge (► A1).

Auf einem großen Haufen Holzkohle werden mehrlagig abwechselnd Eisenerz und Holzkohle geschichtet. Wie in einem Kamin gelangt durch eine seitliche Öffnung am unteren Ende Wind/Luft in den Rennofen. Der Rauch entweicht nach oben. Durch den Wind gelangt Sauerstoff in den Ofen, der zuerst mit dem großen Haufen Holzkohle reagiert, um den Ofen anzuheizen. Zwischen dem Eisenerz (Eisenoxid) und der Holzkohle (Kohlenstoff) läuft im Betrieb eine Redoxreaktion ab. Die gebildete Schlacke fließt nach unten ab, während sich das Eisen in Form eines Eisenschwamms auf der Holzkohle sammelt.

2 Vergleiche die historische Herstellung im Rennofen mit einem modernen Hochofen (► A1).

Die Herstellung von Eisen im modernen Hochofen stimmt in vielen Punkten mit der historischen Herstellung im Rennofen überein: Bei beiden Verfahren wird jeweils Eisenerz gemischt mit Holzkohle eingesetzt und der für den Betrieb notwendige Sauerstoff (Wind) von unten in den Ofen geblasen. In modernen Hochöfen wird der Wind allerdings zuvor erhitzt und zudem weitere Stoffe wie Calciumoxid zugegeben. Die gasförmigen Reaktionsprodukte können jeweils am oberen Ende entweichen. Beim Hochofen wird dieses Gas zum Vorheizen des Windes genutzt.
Im Rennofen entsteht ein fester Eisenschwamm und kein flüssiges Eisen, sodass die Temperaturen niedriger sein sollten als im Hochofen. Im Gegensatz zum Roheisen aus dem Hochofen konnte das Eisen direkt geschmiedet werden.
Der Rennofen kann nicht kontinuierlich beschickt werden. Eine erneute Befüllung kann nur erfolgen, wenn der vorhergehende Herstellungsprozess vollständig abgeschlossen ist.

Zusatzinformation: Der Rennofen hatte in etwa eine Temperatur von 1 200 °C, lag also unter dem Schmelzpunkt von Eisen. So schmolz die Schlacke aufgrund von Eisenoxid-Siliciumdioxid-Verbindungen früher und konnte abfließen.

3 Formuliere die Reaktionsgleichungen für die Vorgänge im Rennofen (► A1).

$C (s) + O_2 (g) \rightarrow CO_2 (g)$
$CO_2 (g) + C (s) \rightarrow 2 CO (g)$
$Fe_2O_3 (s) + 3 CO (g) \rightarrow 2 Fe (s) + 3 CO_2 (g)$

4 Damaszener Stahl könnte auch als Verbundstahl bezeichnet werden. Erläutere die Aussage mithilfe des Schemas (► A2).

Damaszener Stahl wird aus einem weichen Stahl (geringer Kohlenstoffanteil) und einem harten Stahl (hoher Kohlenstoffanteil) geschmiedet. Im Schmiedeprozess werden diese erhitzt, aufeinandergelegt und über die weichere Seite, die besser zu bearbeiten ist, geschmiedet. Anschließend wird das Produkt zerteilt und erneut in mehreren Lagen übereinandergelegt. Durch das erneute Erhitzen verbinden sich die Lagen und es entstehen somit mehrere Schichten von abwechselnd weicherem und härterem Stahl, die als Verbundstahl bezeichnet werden können.

5 Stelle den Zusammenhang zwischen dem Kohlenstoffanteil im Stahl und den daraus folgenden Eigenschaften tabellarisch dar. Erläutere, dass vor allem Schwerter aus Damaszener Stahl hergestellt wurden (► A3).

Kohlenstoffanteil im Stahl	Eigenschaft
hoch	hohe Härte, spröde
niedrig	dehnbar, bearbeitbar
ab 0,5 %	überhaupt härtbar

Beim Damaszener Stahl werden zwei unterschiedliche Stähle miteinander verbunden und ihre Eigenschaften der Härte und Bearbeitbarkeit optimal kombiniert. Der weiche Stahl sorgt für die Schmiedbarkeit, Formbarkeit und hinterher für eine verringerte Spröde der Klinge. Der harte Stahl sorgt für die Härte der Klinge. Die Kombination dieser Eigenschaften ist ideal für ein Schwert.

Material B: „Sauberer" Stahl

1 Erstelle das Schema für den Hochofenprozess. Erläutere Gemeinsamkeiten und Unterschiede der beiden Verfahren (► B1).

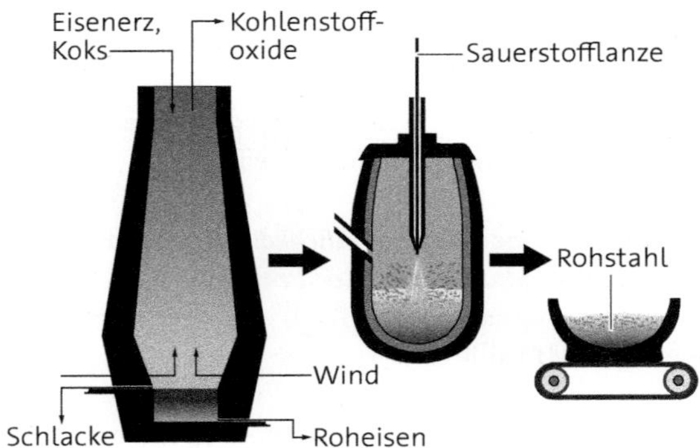

Bei beiden Prozessen werden Eisenerze eingesetzt, die aufgearbeitet und zu Rohstahl weiterverarbeitet werden. Zur Eisengewinnung wird jeweils ein Stoff eingesetzt, der mit dem Sauerstoff im Eisenoxid reagiert. Bei beiden Verfahren entstehen außerdem Verunreinigungen, die entfernt werden müssen. Der Zusatz von Schrott ist in beiden Prozessen möglich.
Die beiden Verfahren unterscheiden sich grundlegend in dem Stoff, der zum Zerlegen der Eisenoxide verwendet wird. Die Verwendung von Kohlenstoff im traditionellen Prozess führt dazu, dass das entstehende Eisen einen höheren Kohlenstoffanteil hat. Der traditionelle Prozess findet außerdem bei höheren Temperaturen statt und die Weiterverarbeitung erfolgt mit dem flüssigen Roheisen. Beim Prozess mit Wasserstoff entstehen feste Eisenschwämme, mit denen weitergearbeitet wird. Als Nebenprodukte entstehen Kohlenstoffdioxid bzw. Wasser.

2 Beim kohlefreien Ansatz wird Eisenoxid mithilfe von Wasserstoff zerlegt (► B1).

a Gib die dazugehörige Reaktionsgleichung an.

$FeO (s) + H_2 (g) \rightarrow H_2O (g) + Fe (s)$

b Skizziere die Reaktion auf Teilchenebene.

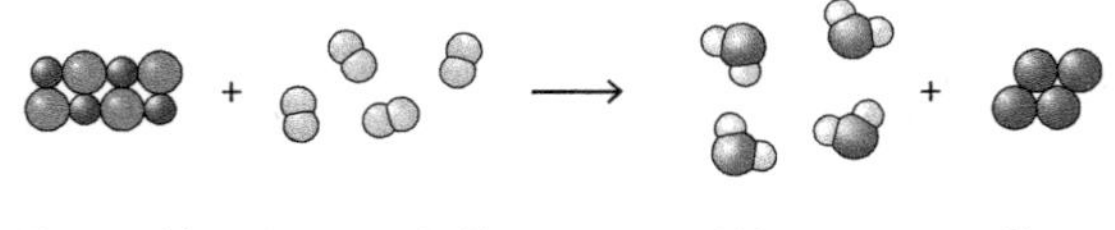

Eisenoxid + Wasserstoff ⟶ Wasser + Eisen

c Begründe, dass das Verfahren eine klimafreundlichere Alternative zum traditionellen Hochofenprozess sein kann.

Bei dem Verfahren mit Wasserstoff wird im Prozess selbst kein klimaschädliches Kohlenstoffdioxid frei. Das stattdessen entstehende Wasser ist nicht schädlich. Die niedrigeren Temperaturen führen außerdem zu einer Energieeinsparung. Wenn der produzierte Stahl qualitativ hochwertig ist und der benötigte Wasserstoff klimafreundlich hergestellt wird, könnte das Verfahren also eine klimafreundlichere Alternative sein.

Hilfe: Vergleiche die Klimaschädlichkeit der Ausgangsstoffe und Reaktionsprodukte der beiden Prozesse.

Material C: Metallbrand

1 Fasse den Inhalt des Zeitungsartikels in eigenen Worten zusammen. Benutze auch chemische Fachbegriffe.

Individuelle Lösung. Sinnvolle Fachbegriffe: Metallbrand, Oxidbildung, Wasserstoff als Reaktionsprodukt, Löschmittel

2 Erkläre mithilfe der Reaktionsgleichung, dass Wasser hier ein ungeeignetes Löschmittel ist. Gehe auch auf die Reaktionsprodukte ein.

Magnesium reagiert bei ausreichender Temperatur (Aktivierungsenergie) mit Wasser zu Magnesiumoxid und Wasserstoff.

$Mg (s) + H_2O (l) \rightarrow MgO (s) + H_2 (g)$

Bei einem Brand ist diese Temperatur gegeben. Wasser reicht weder als Kühlmittel noch führt es zu einem Abschnitt der Sauerstoffzufuhr, da Wasser hier selbst die Sauerstoffquelle darstellt. Das Reaktionsprodukt Wasserstoff ist selbst brennbar und bildet zudem mit Sauerstoff explosive Gemische. Wasser löscht also den Brand nicht und die Reaktion mit Magnesium führt zur Bildung eines weiteren brennbaren und potenziell explosiven Stoffs.

Hilfe: Es findet eine Redoxreaktion statt.
Wasser ist das Oxid des Wasserstoffs. Wasserstoff ist brennbar und bildet mit Sauerstoff ein explosives Gemisch.

3 Erkläre die Funktionsweise des Sands als Löschmittel.

Sand als Löschmittel funktioniert, indem er den Brand von der Sauerstoffzufuhr abschneidet. Sand reagiert nicht mit brennendem Magnesium. Sein Einsatz führt also auch zu keinen zusätzlichen Gefahren.

Hilfe: Für einen Brand müssen drei Bedingungen erfüllt werden: brennbares Material, ausreichende Sauerstoffzufuhr, ausreichend hohe Temperatur.

4 Tims Nachbar meint: „Mit meinem Kohlenstoffdioxidlöscher hättet ihr den Brand sofort gelöscht." Hat er Recht? Begründe deine Position.

Bei den meisten Wohnungsbränden hätte Tims Nachbar Recht. Metallbrände lassen sich jedoch nicht mit Kohlenstoffdioxid löschen. Brennendes Magnesium ist so unedel, dass es mit dem Kohlenstoffdioxid reagiert. Kohlenstoffdioxid ist hier eine Sauerstoffquelle und löscht den Brand nicht. Der entstehende Kohlenstoff ist ebenfalls brennbar und bietet so zusätzliches Brennmaterial.

Magnesium (s) + Kohlenstoffdioxid (g)
→ Magnesiumoxid (s) + Kohlenstoff (s)

Hilfe: Die Brandbedingung, die durch Kohlenstoffdioxid entfernt wird, ist ausreichende Sauerstoffzufuhr.
Kohlenstoffdioxid besteht aus Kohlenstoff- und Sauerstoff-Atomen.
Magnesium hat ein sehr hohes Bestreben mit Sauerstoff zu reagieren, Magnesiumoxid ist sehr stabil.

Salze und Ionen

Seite 186–187: Kochsalz

1 Beschreibe die Gewinnung von Kochsalz aus Sole als Stofftrennung.
Bei der Gewinnung von Kochsalz aus Sole handelt es sich um eine Stofftrennung: Das Stoffgemisch aus Salz und Wasser wird durch Eindampfen getrennt. Das Lösemittel Wasser verdampft bei 100 °C. Als Rückstand bleibt festes Natriumchlorid (Kochsalz) übrig.

2 Stelle einen Steckbrief für Kochsalz auf. Beschreibe die Beschaffenheit des Stoffs. Recherchiere im Internet Angaben zu diesem Stoff.

Kochsalz (Natriumchlorid)

Farbe: farblose Kristalle, in großer Anhäufung weiß
Aggregatzustand bei Raumtemperatur: fest
Geschmack: salzig
Geruch: geruchlos
Verformbarkeit: spröde
Löslichkeit in Wasser: gut (Lösung leitet den elektrischen Strom)
Schmelztemperatur: 800 °C
Siedetemperatur: 1 465 °C
Dichte (bei 25 °C): 2,16 g/cm^3

3 Schätze ab, wie viel Kochsalz du täglich zu dir nimmst. Wiege zum Vergleich 3 g Kochsalz ab.
Offene Aufgabenstellung.
Durchschnittliche Aufnahme von Kochsalz sind ca. 2 bis 3 g täglich. Gesundheitlich unbedenklich ist eine Höchstmenge von 6 g.

4 Im Mittelalter blühten viele Städte durch Salzgewinnung oder Salzhandel auf. In ihrem Namen deuten Silben wie -salz, -sulz, -sol oder auch -hal auf diese Quelle des Wohlstands hin. Suche im Atlas solche Orte im deutschsprachigen Raum.
In Deutschland: Halle (Saale), Hallgarten, Hallstadt, Hallstedt, Bad Reichenhall, Bad Salzungen, Bad Sulza, Bad Salzufen; in Österreich: Hallein, Hallstatt, Halltal, Bad Hall; in der Schweiz: Hallwill.

5 Salz – wertvoll wie Gold. Ermittle Geschichtliches zum Salzhandel.
Vor Jahrhunderten war Salz eines der wichtigsten Handelsprodukte, das auf „Salzstraßen“ quer durch Europa transportiert wurde. Salzsiedereien und Salzhandel spielten für die Entwicklung der Stadt Halle (Saale) eine wichtige Rolle. Halloren (Salzarbeiter) produzierten das Salz. Halle war im 14./15. Jh. marktbeherrschend im Salzhandel und Ausgangspunkt einer Salzstraße. In Rom wurde aus dem Mittelmeer „geerntetes“ Salz um 600 v. Chr. auf der *via salaria* nach Norden transportiert. Salz war auch Zahlungsmittel. Marco Polo, der venezianische Handelsreisende, berichtete von in China im 13. Jh. hergestellten Salzmünzen, von denen 80 Stück einer Unze Gold (31,103 g) entsprachen. Afrikanische Stämme tauschten Salz gegen Goldstaub sogar im Verhältnis 1 : 1.

Seite 188–189: Natriumchlorid – ein aus Ionen aufgebauter Stoff

1 Beschreibe den Bau von Natriumchlorid anhand eines Modells (► 2). Kennzeichne die chemische Bindung im Natriumchloridkristall.
Natriumchlorid ist aus einfach positiv elektrisch geladenen Natrium-Ionen und einfach negativ elektrisch geladenen Chlorid-Ionen aufgebaut, die im Ionengitter regelmäßig angeordnet sind. Jedes Natrium-Ion ist im Kristall von sechs Chlorid-Ionen umgeben und jedes Chlorid-Ion von sechs Natrium-Ionen. Starke Anziehungskräfte halten diese regelmäßige Anordnung zusammen. Im Natriumchloridkristall sind die Natrium-Ionen und die Chlorid-Ionen durch Ionenbindung chemisch gebunden.

2 Stelle die Verhältnisformel der Verbindungen auf:
a Kaliumfluorid
KF
b Natriumbromid
NaBr
c Calciumsulfid
CaS
d Aluminiumoxid
Al_2O_3

3 Erläutere, warum die kleinste Baueinheit von Aluminiumchlorid immer aus einem Aluminium-Ion und drei Chlorid-Ionen aufgebaut ist.
Aluminium-Ionen sind aufgrund der Oktettregel stets dreifach positiv geladen (Al^{3+}). Chlorid-Ionen sind stets einfach negativ geladen (Cl^-). Um eine elektrisch neutrale Verbindung aus diesen Ionen zu erhalten, muss auf 3 Chlorid-Ionen jeweils 1 Aluminium-Ion kommen.

4 Erkläre, warum eine Natriumchloridlösung elektrische Leitfähigkeit zeigt, destilliertes Wasser nicht.
Destilliertes Wasser ist besonderes reines Wassers, das nur Wasser-Moleküle und somit keine frei beweglichen

Ladungsträger enthält. Destilliertes Wasser zeigt deshalb keine elektrische Leitfähigkeit. In einer Natriumchloridlösung befinden sich sowohl positiv geladene Natrium-Ionen als auch negativ geladene Chlorid-Ionen. Diese frei beweglichen Ladungsträger sorgen für die elektrische Leitfähigkeit der Lösung.

Seite 190–191: Eigenschaften von Salzen

1 Entwickle die Reaktionsgleichung für das Lösen von Magnesiumfluorid.
MgF_2 (s) → Mg^{2+} (aq) + 2 F^- (aq)

2 Erläutere den Lösevorgang am Beispiel von Kaliumchlorid.
Beim Lösevorgang lagern sich zunächst Wasser-Moleküle an der Oberfläche der Kaliumchloridkristalle an und überwinden die Kräfte, die die Ionen zusammenhalten. Der Vorgang wiederholt sich, bis die Kaliumchloridkristalle vollständig abgebaut sind. Das ist möglich, weil die elektrisch geladenen Ionen die Wasser-Moleküle anziehen und sich jeweils mit einer Hülle aus Wasser-Molekülen umgeben. Bei diesem Vorgang (Hydratation) wird Wärme an die Umgebung abgegeben. Diese Wärme reicht oft aus, um die Ionenbindung im Kristall zu überwinden. Die von einer Hülle aus Wasser-Molekülen umgebenen hydratisierten Ionen sind in der Lösung frei beweglich.

3 In Dampfbügeleisen soll entsalztes Wasser verwendet werden. Begründe.
Wassertank und Laufsohle des Bügeleisens könnten bei Verwendung von Leitungswasser verkrusten, da dieses Salze enthält. Beim Verdampfen des Wassers bleiben die festen Salze zurück. Es gibt heute Dampfbügeleisen, die normales Leitungswasser verwenden.

Seite 192–193: Bildung von Salzen aus den Elementen

1 Nenne die Ausgangsstoffe für die folgenden Reaktionsprodukte:
a Silberiodid
Silber und Iod

b Eisenbromid
Eisen und Brom

c Natriumfluorid
Natrium und Fluor

2 Formuliere die Reaktionsgleichungen für die Bildung folgender Salze:
a Lithiumchlorid (LiCl)
2 Li (s) + Cl_2 (g) → 2 LiCl (s) | exotherm

b Magnesiumchlorid ($MgCl_2$)
Mg (s) + Cl_2 (g) → $MgCl_2$ (s) | exotherm

3 Begründe, dass sich bei der Reaktion von Magnesium mit Chlor zweifach positiv geladene Magnesium-Ionen und einfach negativ geladene Chlorid-Ionen bilden.
Zweifach positiv geladene Magnesium-Ionen haben die stabile Elektronenkonfiguration von Neon-Atomen (Edelgaskonfiguration). Chlorid-Ionen haben die Edelgaskonfiguration von Argon-Atomen.

Seite 194–195: Elektronenübergang – Redoxreaktionen

1 Formuliere für die Reaktion von Aluminium mit Brom die Reaktionsgleichung in Ionenschreibweise sowie die Gleichungen für die Elektronenaufnahme und Elektronenabgabe.

Elektronenabgabe: 2 Al → 2 Al^{3+} + 6 e^-

Elektronenaufnahme: 3 Br_2 + 6 e^- → 6 Br^-

Elektronenübergang: 2 Al + 3 Br_2 → 2 Al^{3+} + 6 Br^-
2 Al + 3 Br_2 → 2 $AlBr_3$

2 Silber reagiert mit Sauerstoff zu Silberoxid (Ag_2O) und mit Chlor zu Silberchlorid (AgCl). Stelle beide Reaktionen als Redoxreaktionen dar und vergleiche sie.

Oxidation: 4 Ag → 4 Ag^+ + 4 e^-

Reduktion: O_2 + 4 e^- → 2 O^{2-}

Redoxreaktion: 4 Ag + O_2 → 2 Ag_2O

Oxidation: 2 Ag → 2 Ag^+ + 2 e^-

Reduktion: Cl_2 + 2 e^- → 2 Cl^-

Redoxreaktion: 2 Ag + Cl_2 → 2 AgCl

In beiden Reaktionen wird Silber oxidiert und es gibt Elektronen an den Reaktionspartner ab. Bei der Reaktion mit Sauerstoff müssen allerdings pro Atom Sauerstoff zwei Silber-Atome oxidiert werden, wohingegen pro Chlor-Atom nur ein Silber-Atom oxidiert wird.

3 Erläutere, welche Teilchen bei der Reaktion von Magnesium mit Sauerstoff als Elektronenakzeptor und welche als Elektronendonator fungieren.

Magnesium-Atome: Elektronendonator. Jedes Magnesium-Atom gibt während der Reaktion zwei Elektronen ab. Sauerstoff-Atome: Elektronenakzeptor. Jedes Sauerstoff-Atom im Sauerstoff-Molekül nimmt während der Reaktion jeweils zwei Elektronen auf.

Seite 196–198: Die Atombindung

1 Vergleiche den Bau eines Wasserstoff-Atoms, eines Wasserstoff-Moleküls und eines Helium-Atoms. (Seite 197)

H-Atom: unvollständige Außenschale mit nur einem Elektron

He-Atom: vollständige Valenzschale mit zwei Elektronen

H_2-Molekül: durch gemeinsame Elektronen im bindenden Elektronenpaar stabile Elektronenkonfiguration

2 Zeichne Schalenmodelle und Lewis-Formeln der Moleküle für die Stoffe Brom und Helium. Prüfe, ob die Edelgaskonfiguration erreicht ist. (Seite 197)

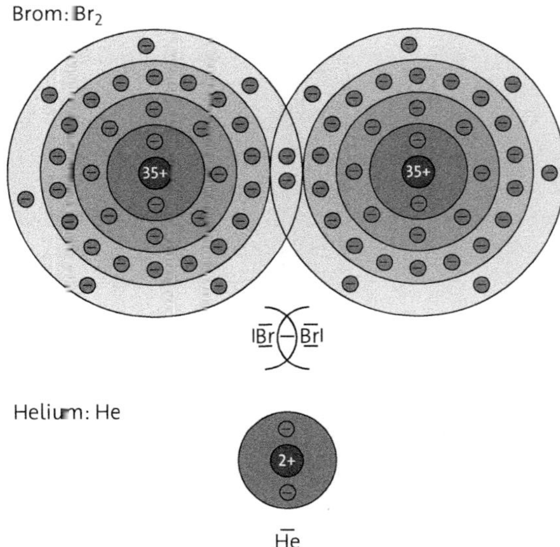

3 Vergleiche die Atombindung mit der Ionenbindung. Fertige dazu eine Tabelle an. (Seite 197)

	Atombindung	Ionenbindung
Beteiligte Teilchen	Atome	elektrisch positiv und negativ geladene Ionen
Chemische Bindung wird gebildet durch	gemeinsame Elektronenpaare zwischen Atomen eines Moleküls	elektrostatische Anziehungskräfte zwischen positiv und negativ geladenen Ionen
Edelgaskonfiguration der beteiligten Teilchen wird erreicht?	ja	ja

4 Vergleiche die Teilchen, die durch die folgenden chemischen Zeichen angegeben werden: Cl, Cl_2, Cl^-. Erläutere die Unterschiede. (Seite 197)

Cl: Chlor-Atom, sieben Außenelektronen und damit eine unvollständig gefüllte Außenschale.

Cl_2: Chlor-Molekül, zwei Chlor-Atome bilden ein gemeinsames Elektronenpaar aus und erreichen so beide die Edelgaskonfiguration von Argon-Atomen.

Cl^-: Chlorid-Ion, die stabile Elektronenkonfiguration wird durch die Aufnahme eines Elektrons erreicht.

1 Entwickle aus der Molekülformel jeweils die Lewis-Formel. Prüfe, ob jedes Atom im Molekül die Edelgaskonfiguration hat. (Seite 198)

a Bromwasserstoff (HBr)

H – $\underline{\overline{\mathrm{Br}}}$|

H: Durch bindendes Elektronenpaar Edelgaskonfiguration von Helium-Atomen.

Br: Durch bindendes Elektronenpaar Edelgaskonfiguration von Krypton-Atomen.

b Wasser (H_2O)

|$\overline{\mathrm{O}}$ – H
 |
 H

H: Durch bindendes Elektronenpaar Edelgaskonfiguration von Helium-Atomen.

O: Durch zwei bindende Elektronenpaare Edelgaskonfiguration von Neon-Atomen.

2 Zeichne die Schalenmodelle und Lewis-Formeln der Moleküle der Stoffe von Fluorwasserstoff (HF) und Ammoniak (NH_3). Prüfe, ob die Edelgaskonfiguration erreicht ist. (Seite 198)

Fluorwasserstoff: HF

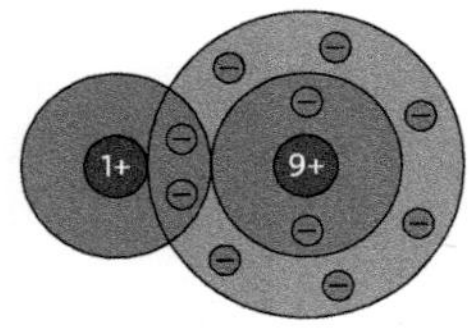

Ammoniak: NH_3

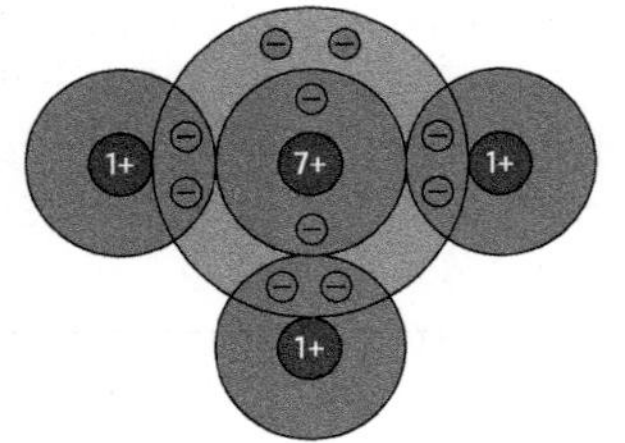

Verkürzte Ionengleichung:
$Ag^+(aq) + Br^-(aq) \rightarrow AgBr(s)$

2 Stelle die Nachweise von Chlorid-, Bromid- und Iodid-Ionen tabellarisch dar. Kriterien: Nachweismittel, Beobachtung, verkürzte Ionengleichung.

	Nachweismittel	Beobachtung	Verkürzte Ionengleichung
Chlorid-Ionen	Silbernitratlösung	weißer Niederschlag	$Ag^+(aq) + Cl^-(aq) \rightarrow AgCl(s)$
Bromid-Ionen	Silbernitratlösung	gelblicher Niederschlag	$Ag^+(aq) + Br^-(aq) \rightarrow AgBr(s)$
Iodid-Ionen	Silbernitratlösung	gelblich-grüner Niederschlag	$Ag^+(aq) + I^-(aq) \rightarrow AgI(s)$

Seite 200–201: Chemie erlebt – Salze und Gesundheit

1 Ermittle Lebensmittel, die einen hohen Anteil an Kochsalz haben. Nutze dafür auch Nährwerttabellen. Stelle die Ergebnisse in einer Tabelle zusammen.
Offene Aufgabenstellung.

2 Recherchiere auf Etiketten von „Iso-Drinks" (isotonischen Getränken) die Inhaltsstoffe und ihren Anteil. Bewerte sie auf ihre Eignung als Durstlöscher nach sportlicher Betätigung.
Offene Aufgabenstellung. Bei sportlicher Betätigung kommt es durch Schwitzen nicht nur zu einem Flüssigkeitsverlust, sondern auch die im Schweiß enthaltenen Mineralien gehen verloren. Isotonische Getränke enthalten Mineralien in einer ähnlichen Zusammensetzung und Gehalt wie die Flüssigkeiten des Körpers und führen nicht zu einem weiteren „Auslaugen".

Seite 202: Nachweis von Halogenid-Ionen

1 Formuliere die ausführliche und die verkürzte Ionengleichung für die Reaktion von Natriumbromid mit Silbernitratlösung.
Ionengleichung:
$Na^+(aq) + Br^-(aq) + Ag^+(aq) + NO_3^-(aq)$
$\rightarrow AgBr(s) + Na^+(aq) + NO_3^-(aq)$

Seite 206–207: Weitergedacht

Material A: Salze – Helfer im Winterdienst

1 Erläutere den Lösevorgang von wasserfreiem Calciumchlorid (► A2).
Beim Lösevorgang lagern sich die Wasser-Moleküle an der Oberfläche der Calciumchloridkristalle an und überwinden die Kräfte, die die Ionen zusammenhalten. Der Vorgang wiederholt sich, bis die Calciumchloridkristalle vollständig abgebaut sind. Dabei ziehen die elektrisch geladenen Calcium-Ionen Ca^{2+} und Chlorid-Ionen Cl^- die Wasser-Moleküle an und umgeben sich jeweils mit einer Hülle aus Wasser-Molekülen. Bei diesem Vorgang (Hydratation) wird Wärme an die Umgebung abgegeben. Die Messergebnisse belegen das. Der Temperaturanstieg beträgt über 50 °C. Diese Wärme reicht aus, um die Ionenbindung im Calciumchloridkristall zu überwinden. Die hydratisierten Ionen sind in der Lösung frei beweglich.

2 Charakterisiere die Energieumwandlungen, die beim Lösen von wasserhaltigem und wasserfreiem Calciumchlorid stattfinden (► A2).
Beim Lösen von wasserfreiem Calciumchlorid kommt es zu einem Temperaturanstieg von über 50 °C. Es findet eine exotherme Reaktion statt. Ein Teil der chemischen Energie der Ausgangsstoffe wird in thermische Energie umgewandelt und als Wärme an die Umgebung abgegeben. Beim Lösen von wasserhaltigem Calciumchlorid kommt es zu einer starken Abkühlung. Die Temperatur sinkt um über 19 °C.

Es findet eine endotherme Reaktion statt. Dabei wird thermische Energie in chemische Energie umgewandelt.

3 Leite aus den Eigenschaften Verwendungsmöglichkeiten des Calciumchlorids ab (► A1, A2).
Wasserhaltiges Calciumchlorid wird für Kältemischungen und als Auftau- und Frostschutzmittel für vereiste Straßen verwendet. Wasserfreies Calciumchlorid wird als Trockenmittel genutzt.

4 Begründe, dass Calciumchlorid als Streusalz geeignet ist (► A1).
Calciumchlorid ist als Streusalz geeignet, weil die Erstarrungstemperatur einer Calciumchloridlösung tiefer liegt als die des Wassers. Vereiste Straßen tauen so auf oder gefrieren nicht.

5 Bewerte den Einsatz von Streusalz im Winter.
Neben den Kosten, die beim Einsatz von Streusalz im Winter anfallen, kann es zu Umweltschäden, z. B. zur Schädigung der Pflanzen am Straßenrand, kommen. Auf der anderen Seite ist es aber auch wichtig, Straßen eisfrei zu halten, um Gefahren für alle Verkehrsteilnehmer zu vermeiden. Der Einsatz von Streusalz sollte deshalb stets sparsam und nur dann erfolgen, wenn andere Maßnahmen, wie z. B. der Einsatz von Räumfahrzeugen, nicht ausreichen.

Material B: Halogenlampen

1 Beschreibe, auf welche Weise es bei einer Glühlampe ohne Halogenzusatz nach längerer Betriebsdauer zum Lichtverlust kommt (► B1).
Das Leuchten einer Glühlampe entsteht durch das Glühen eines auf 3 000 °C erhitzten Wolframdrahts. Bei solchen Temperaturen sublimiert ein Teil des Wolframs, woraufhin der Draht mit der Zeit immer dünner wird und irgendwann bricht. Wenn das Wolfram an der Innenwand der Glühlampe resublimiert, färbt es diese nach und nach schwarz, wodurch ein Teil des Lichts die Innenwand des Kolbens nicht mehr passieren kann.

2 Erläutere mithilfe von ► B2 die Vermeidung der Kolbenschwärzung bei einer Halogenlampe.
Sublimiertes Wolfram reagiert mit Brom zu Wolframbromid, das sich nicht an der Glaswand abscheidet. Das Wolframbromid wird zurück an die Glühwendel transportiert und dort in die Ausgangsstoffe Wolfram und Brom zerlegt. Das Wolfram kann so auch wieder an der Glühwendel resublimieren.

3 Zeige, dass es sich bei der Bildung von Wolframbromid (WBr_2) um eine Reaktion mit Elektronenübergang handelt. Formuliere eine passende Reaktionsgleichung.
Wolfram reagiert in einer chemischen Reaktion mit Brom zu Wolframbromid, dabei gehen von einem Wolfram-Atom jeweils 2 Elektronen auf ein Brom-Molekül über.

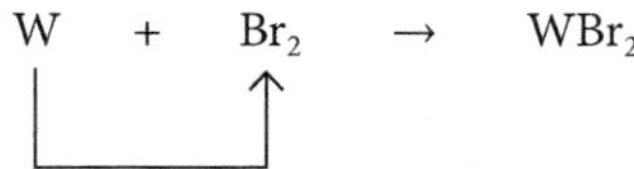

Elektronenübergang: 2 e^-

4 Gelegentlich werden Halogenlampen als „selbstheilende Lichtquellen" bezeichnet, da Wolfram sich an der Glühwendel wieder anlagert. Beurteile diese Bezeichnung (► B2).
Im ersten Augenblick erscheint diese Aussage richtig, da die Betriebsdauer von Halogenlampen um bis zu 3-mal länger ist als die von herkömmlichen Glühlampen. Aber auch in diesen Lampen kommt es mit der Zeit zu Abnutzungserscheinungen. Das Wolfram sublimiert an den heißesten Stellen der Glühwendel am stärksten, wird aber nicht unbedingt dort wieder abgeschieden, sodass die Glühwendel irgendwann bricht.

Material C: Elektrolyse von Natriumchlorid

1 Formuliere für die Zerlegung von Natriumchlorid die Reaktionsgleichung (► C1).
2 NaCl → 2 Na + Cl_2 | endotherm

2 Erläutere, dass die Elektrolyse nur mit geschmolzenem Natriumchlorid stattfinden kann.
Natriumchlorid wird mithilfe des elektrischen Stroms zerlegt. Im festen Natriumchlorid werden die Ionen in einem Ionengitter durch Ionenbindung fest zusammengehalten. Sie sind nicht frei beweglich. In der Schmelze ist dieses Ionengitter aufgebrochen. Die Ionen liegen als frei bewegliche Ladungsträger vor und können zu den Elektroden wandern, an denen die eigentlichen Reaktionen stattfinden.

Hilfe: Bei einer Elektrolyse wird ein Stoff mithilfe des elektrischen Stroms zerlegt. Im festen Natriumchlorid halten die Ionen in einem Ionengitter fest zusammen.
Damit ein Stoff elektrische Leitfähigkeit zeigt, müssen in ihm frei bewegliche Ladungsträger vorhanden sein.

Hinweis: Sollte den Schülern die Reaktion von Natrium und Wasser bekannt sein, kann die Aufgabe um den Aspekt erweitert werden, dass die Zerlegung von Natriumchlorid nicht mit der entsprechenden Salzlösung erfolgen kann.

3 Zeige mithilfe von Schalenmodellen der beteiligten Teilchen, dass an den beiden Elektroden Elektronenübergänge stattfinden (► C3).

An der Graphit-Elektrode findet eine Elektronenabgabe statt: $2\ Cl^- \rightarrow Cl_2 + 2\ e^-$

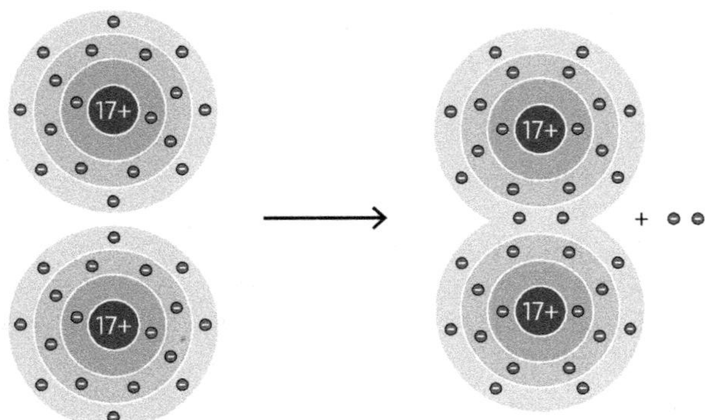

An der Eisen-Elektrode findet eine Elektronenaufnahme statt: $Na^+ + e^- \rightarrow Na$

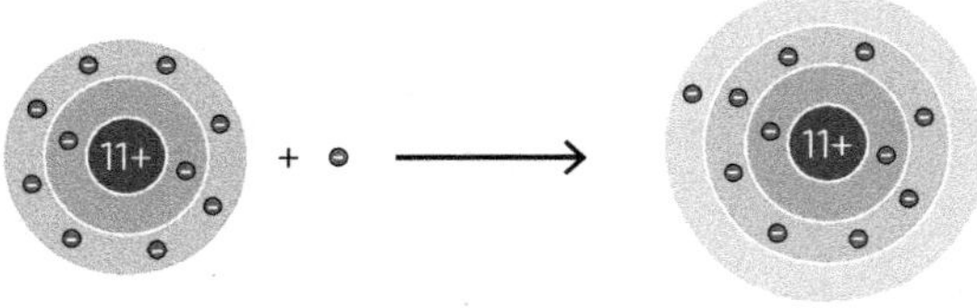

4 Vergleiche die Elektrolyse von Natriumchlorid mit der Reaktion von Natrium mit Chlor auf Teilchenebene (► C2).

Die Elektrolyse von Natriumchlorid zu Natrium und Chlor kann als Umkehrung der Reaktion von Natrium mit Chlor betrachtet werden.

Elektrolyse:
Elektronenaufnahme: $Na^+ + e^- \rightarrow Na$
Elektronenabgabe: $2\ Cl^- \rightarrow Cl_2 + 2\ e^-$

Reaktion von Natrium mit Chlor:
Elektronenaufnahme: $Cl_2 + 2\ e^- \rightarrow 2\ Cl^-$
Elektronenabgabe: $Na \rightarrow Na^+ + e^-$

Bei der Elektrolyse reagieren Natrium-Ionen durch Elektronenaufnahme zu Natrium-Atomen und Chlorid-Ionen durch Elektronenabgabe zu Chlor-Molekülen, während bei der Reaktion von Natrium mit Chlor umgekehrt aus Natrium-Atomen durch Elektronenabgabe Natrium-Ionen werden. Chlor-Moleküle reagieren durch Elektronenaufnahme zu Chlorid-Ionen.

Bei beiden Reaktionen finden somit Elektronenübergänge statt. Bei der Elektrolyse sind aber Elektronenabgabe und -aufnahme räumlich voneinander getrennt, da diese an den beiden Elektroden stattfinden.

Hilfe: Formuliere jeweils die Elektronenabgabe und -aufnahme für die Elektrolyse von Natriumchlorid und für die Reaktion von Natrium mit Chlor und vergleiche.

5 Erkläre, dass bei der Elektrolyse flüssiges Natrium entsteht und in einer Abdeckung oberhalb der Eisen-Elektrode aufgefangen wird (► C4).

Die Elektrolyse wird mit flüssigem Natriumchlorid durchgeführt. Natriumchlorid schmilzt bei 800 °C.
Festes Natrium schmilzt schon bei 98 °C und liegt deshalb in flüssiger Form vor. Das Natrium steigt auf, da es eine geringere Dichte als Natriumchlorid hat, und muss oberhalb der Eisen-Elektrode aufgefangen werden.

Hilfe: Vergleiche die Schmelztemperaturen von Natriumchlorid und Natrium.
Vergleiche die Dichten von Natriumchlorid und Natrium. Stoffe mit einer geringeren Dichte erfahren einen Auftrieb in Stoffen mit einer höheren Dichte.

6 Am Bau der Stoffe Natriumchlorid, Natrium und Chlor sind unterschiedliche Teilchen beteiligt.

a Vergleiche den Bau der drei Stoffe und ordne ihnen jeweils eine Stoffklasse zu.

Natriumchlorid ist aus elektrisch positiv geladenen Natrium-Ionen und elektrisch negativ geladenen Chlorid-Ionen im Verhältnis 1 : 1 aufgebaut. Im festen Salz werden die Ionen durch Ionenbindung in einem Gitter fest zusammengehalten. Natriumchlorid ist deshalb eine Ionensubstanz.
Natrium ist aus Natrium-Atomen aufgebaut. Im festen Natrium bilden die Natrium-Atome große Atomverbände. Natrium ist ein Metall.
Chlor ist aus Molekülen aufgebaut. In einem Chlor-Molekül halten jeweils zwei Chlor-Atome durch Atombindung fest zusammen. Chlor ist deshalb eine Molekülverbindung.

Hilfe: Benenne die Teilchen (Atome, Ionen, Moleküle), aus denen die drei Stoffe aufgebaut sind. Ordne den Teilchen eine Stoffklasse zu (Metalle, Ionensubstanz oder Molekülverbindung).

b Begründe die Unterschiede in den Schmelz- und Siedetemperaturen mithilfe des Baus der Stoffe (► C4).

Die Schmelz- und Siedetemperatur von Natriumchlorid sind sehr hoch, da zwischen den Ionen aufgrund der gegensätzlichen Ladung starke Anziehungskräfte vorliegen. Um die Ionenbindung zu überwinden sind deshalb hohe Temperaturen notwendig.

Im Natrium bilden die Natrium-Atome einen großen Atomverband. Die Anziehungskräfte zwischen den elektrisch neutralen Atomen sind nicht so groß wie im Natriumchlorid, sodass schon geringe Temperaturen ausreichen, um die Anziehungskräfte zu überwinden.

Chlor ist wie viele Molekülverbindungen bei Raumtemperatur gasförmig. Zwischen den Chlor-Molekülen herrschen nur sehr schwache Anziehungskräfte, die schon bei sehr tiefen Temperaturen überwunden werden.

Saure und alkalische Lösungen – Neutralisation

Seite 212–213: Saure und alkalische Lösungen

1 Nenne Gründe, warum im Chemieunterricht der mögliche saure Geschmack einer Lösung nicht geprüft werden darf.
Viele saure Lösungen wirken stark ätzend. Eine Geschmacksprobe kann zu schweren gesundheitlichen Schäden führen. Im Chemieunterricht dürfen grundsätzlich keine Geschmacksproben genommen werden.

2 Nenne weitere saure Lösungen, die dir im Alltag schon begegnet sind.
Saft von Zitrusfrüchten, Speiseessig, Gewürzgurkensaft, Sauerkrautsaft, Joghurt, Salatsoßen

3 Erläutere die Vorteile, die der Universalindikator gegenüber den Indikatoren Lackmus und Phenolphthalein hat (► 5).
Universalindikatoren decken einen größeren pH-Bereich ab, in dem der Indikator seine Färbung mehr oder weniger kontinuierlich verändert. Ein Indikator wie Lackmus oder Phenolphthalein verändert seine Farbe in einem eng begrenzten pH-Bereich schlagartig. Der Universalindikator ist somit geeignet, den pH-Wert einer unbekannten Lösung relativ genau zu bestimmen. Andere Indikatoren sind geeignet, eine Lösung auf einen bestimmten pH-Wert einzustellen.

4 Erläutere, wozu Indikatoren dienen.
Indikatoren sind Anzeiger. Sie können z. B. zum Nachweis von sauren oder alkalischen Lösungen verwendet werden.

5 Weise verschiedenen pH-Werten die Begriffe schwach sauer, sauer, alkalisch, stark alkalisch zu.
sauer: pH = 3; schwach sauer: pH = 6;
alkalisch: pH = 10; stark alkalisch: pH = 12

6 Erläutere, wie es zu den verschiedenen Bezeichnungen für Rotkohl bzw. Blaukraut kommen kann.
Ist der Saft, in dem der Rotkohl gekocht wird, sauer, so ist seine Farbe rot; ist der Saft alkalisch, so ist seine Farbe blau.

Seite 214–215: Saure Lösungen – Säuren

1 Säuren dürfen niemals in Getränkeflaschen aufbewahrt werden. Begründe.
Chemikalien dürfen grundsätzlich nicht in Lebensmittelbehältnissen abgefüllt oder aufbewahrt werden, da sonst Verwechslungsgefahr droht! Sie müssen immer in gekennzeichneten Behältnissen aufbewahrt werden. Säuren und saure Lösungen sind ätzend. Beim Verschlucken besteht die Gefahr, dass Schleimhäute und Haut zerstört werden können.

2 Begründe, warum du beim Verdünnen einer sauren Lösung besonders vorsichtig sein musst.
Beim Verdünnen kann sich die Lösung stark erhitzen. Es besteht die Gefahr des Herausspritzens. Deshalb darf nur unter Rühren verdünnt werden und es darf nur die Säure zum Wasser gegeben werden, niemals umgekehrt!

3 Im Gegensatz zu einer Salzschmelze leitet eine Schmelze von Citronensäure nicht den elektrischen Strom. Begründe.
Für die Leitung des elektrischen Stroms werden freibewegliche Ladungsträger zum Beispiel in Form von Ionen benötigt. In einer Salzschmelze sind negativ geladene Anionen und positiv geladene Kationen vorhanden, die sich frei bewegen können. Citronensäure ist aus elektrisch ungeladenen Citronensäure-Molekülen aufgebaut. Die Schmelze leitet daher auch nicht den elektrischen Strom.

Seite 216–217: Chemie erlebt – Luftverschmutzung und saurer Regen

1 Recherchiere, welche Maßnahmen in Deutschland gegen Luftverschmutzung bereits getroffen wurden und wie jeder Einzelne dazu beitragen kann, dass die Belastung der Luft zurückgeht.
Offene Aufgabenstellung.

Mögliche Antworten:
In Deutschland bildete ursprünglich das 1974 in Kraft getretene Bundes-Immissionsschutzgesetz (BImSchG) die Grundlage der Luftreinhaltung. Die EU hat, teilweise als Folge internationaler Abkommen, eine Vielzahl an Richtlinien und Tochterrichtlinien (nachgeschaltete, teilweise konkretisierende Vorgaben) zur Luftreinhaltung erlassen. Ein umfassendes internationales und nationales Gesetzeswerk ist Basis für das Handeln.

Die Abgasvorschriften für Motorfahrzeuge sind eines der wichtigsten Instrumente zur Senkung der Schadstoffemissionen des Verkehrs. Für neue Diesel-Personen- und -Lieferwagen gelten strenge Grenzwerte, die sie im Moment nur mit Partikelfiltern einhalten können. Dank immer strengerer gesetzlicher Qualitätsvorschriften für Treibstoffe konnten die Schwefeldioxid- und Bleiemissionen massiv verringert werden. Mit den Vorschriften über die Treibstoffökobilanz setzt der Bund klare Leitlinien bei der Förderung biogener Treibstoffe. Es werden immer wieder neue technische Möglichkeiten zur Verminderung der Emissionen aus dem Individualverkehr entwickelt.
Förderung des öffentlichen Personenverkehrs und des Langsamverkehrs, Verlagerung des Güterverkehrs auf die Schiene – jeder eingesparte Fahrzeugkilometer bedeutet nichtausgestoßene Schadstoffe.
Technische Maßnahmen wie Rauchgasentschwefelung, Rauchgasentstickung, Einsatz von Katalysatoren oder Einbau von Filteranlagen minimieren die Schadstoffemission.
Um CO_2 zu binden, werden Aktionen zum Erhalt des Regenwaldes unterstützt und national aufgeforstet.

Internetquellen:
http://de.wikipedia.org/wiki/Bundes-Immissionsschutzgesetz
http://klimaschutz-netz.de/index.php/erde-und-mensch/klimaschutz-und-technik/855-massnahmen-gegen-die-luftverschmutzung-durch-co2

Seite 218–219: Chlorwasserstoff – polare Atombindung

1 Beschreibe die Bindung im Chlorwasserstoff-Molekül mithilfe des Schalenmodells der Atomhülle.
Das Chlor-Atom hat sieben Außenelektronen und das Wasserstoff-Atom hat ein Außenelektron. Im Molekül bilden das Chlor-Atom und das Wasserstoff-Atom deshalb ein gemeinsames Elektronenpaar aus (Einfachbindung) und erreichen so jeweils die Edelgaskonfiguration.

2 Ordne die folgenden Bindungen nach steigender Polarität: H–F, H–Cl, H–S, H–O, H–N, H–C.
H–S = H–C < H–Cl = H–N < H–O < H–F

3 Begründe, weshalb es für Edelgasatome keine Elektronegativitätswerte gibt (► 4).
Edelgase gehen in der Regel keine Verbindungen ein und bilden keine Atombindung aus, daher können auch keine Elektronegativitätswerte angegeben werden.

Seite 220–221: Kennzeichen saurer Lösungen

1 Trockenes Indikatorpapier zeigt in reinem Chlorwasserstoff keine Farbänderung. Erkläre.
Reines Chlorwasserstoffgas kann keine Säurewirkung (und daher keine Farbänderung) entfalten, da ohne Wasser keine Bildung von Wasserstoff-Ionen möglich ist.

2 Begründe, warum Indikatorpapier vor seiner Verwendung angefeuchtet werden muss.
Damit reine Säuren durch ihre Säurewirkung vom Indikator angezeigt werden können, muss Wasser vorhanden sein. So erfolgt erst bei feuchtem Indikatorpapier die Dissoziation der Chlorwasserstoff-Moleküle in Wasserstoff-Ionen und Säurerest-Ionen.

3 Beschreibe die Teilchenveränderungen beim Lösen von Chlorwasserstoff in Wasser.
Beim Lösen der Chlorwasserstoff-Moleküle in Wasser dissoziieren diese in Wasserstoff-Ionen und Chlorid-Ionen.

4 Notiere die Dissoziationsgleichungen von Kohlensäure und schwefliger Säure.

Kohlensäure:
$H_2CO_3 \rightleftarrows 2\ H^+ + CO_3^{2-}$

Schweflige Säure:
$H_2SO_3 \rightleftarrows 2\ H^+ + SO_3^{2-}$

Seite 222–223: Säuren im Überblick

1 Gib die Namen und Formeln der zugehörigen Säuren für die in ► 6 genannten Säurerest-Ionen an.

Name	Formel
Salpetersäure	HNO_3
salpetrige Säure	HNO_2
Schwefelsäure	H_2SO_4
schweflige Säure	H_2SO_3
Phosphorsäure	H_3PO_4
Kohlensäure	H_2CO_3

2 Entwickle die chemischen Gleichungen für die Dissoziation der auf dieser Doppelseite vorgestellten Säuren.
$H_2SO_4 \rightleftarrows 2\ H^+ + SO_4^{2-}$
$HNO_3 \rightleftarrows H^+ + NO_3^-$

$H_3PO_4 \rightleftarrows 3\ H^+ + PO_4^{3-}$
$H_2SO_3 \rightleftarrows 2\ H^+ + SO_3^{2-}$

3 Begründe, warum der Umgang mit konzentrierter Schwefelsäure besonders gefährlich ist.
Konzentrierte Schwefelsäure ist sehr stark hygroskopisch. Sie verkohlt deshalb organisches Gewebe und kann so schwere Verletzungen hervorrufen. Zudem erwärmt sich Schwefelsäure sehr stark beim Verdünnen. Beim unvorsichtigen Umgang können so schnell ätzende Spritzer entstehen.

Seite 224–225: Vom Nichtmetall zur Säure

1 Stelle die Reaktionsgleichungen für die Verbrennung von Phosphor zu Diphosphorpentoxid (P_2O_5) und die anschließende Reaktion mit Wasser auf.
$4\ P\ (s) + 5\ O_2\ (g) \rightarrow 2\ P_2O_5\ (g)$
$P_2O_5\ (g) + 3\ H_2O\ (l) \rightarrow 2\ H_3PO_4\ (aq)$

2 Begründe, warum die Kartoffeln nach dem „Schwefeln" gründlich mit Wasser gereinigt werden müssen (► 4).
Beim „Schwefeln" von Kartoffeln wird Schwefeldioxid verwendet. Kommt Schwefeldioxid mit dem auf den Kartoffeln haftenden Wasser in Kontakt, so reagieren die beiden Stoffe und es entsteht schweflige Säure, H_2SO_3:

$$SO_2\ (g) + H_2O\ (l) \rightarrow H_2SO_3\ (aq)$$

Weil schweflige Säure ätzend wirkt, müssen die Kartoffeln gründlich gewaschen werden, damit die schweflige Säure fortgespült wird.

3 Als Paul seine Mineralwasserflasche öffnet, ist ein deutliches Zischen zu hören. Sein Kommentar: „Das ist die entweichende Kohlensäure." Stelle diese Aussage richtig.
Sprudelndes Mineralwasser wird erzeugt, indem Kohlenstoffdioxid unter Druck in das Wasser eingeleitet wird. Dadurch entsteht das sprudelnde Getränk, das die Kohlensäure, H_2CO_3, enthält.
Allerdings ist Kohlensäure nicht sehr stabil. Wenn man die Flasche öffnet, lässt der Druck nach, und es wird wieder Kohlenstoffdioxid freigesetzt:

$$H_2CO_3\ (aq) \rightarrow CO_2\ (g) + H_2O\ (l)$$

Pauls Aussage ist also nicht richtig: Das zischende Geräusch stammt von dem entweichenden Kohlenstoffdioxid.

4 Natürliches Mineralwasser kann Kohlensäure enthalten. Recherchiere, wie sich diese sauren Lösungen in der Natur bilden.
Offene Aufgabenstellung.

- Mineralwasser entsteht in einem natürlichen Prozess: Niederschlag fällt auf den Boden und sickert über viele Jahrzehnte bis Jahrhunderte durch die verschiedenen Erd- und Gesteinsschichten.
- Dabei wird das Wasser auf seinem langen Weg in die tiefen Erdschichten gereinigt, gefiltert und mit Mineralstoffen sowie Kohlensäure angereichert.
- Natürliche Kohlensäure im Mineralwasser ist ein Überbleibsel von abklingendem Vulkanismus.
- Durch Abkühlen und Erstarren des vulkanischen Magmas entsteht tief unter der Erdoberfläche Kohlenstoffdioxid. Das Gas wird freigesetzt und steigt durch die Erdschichten empor. Trifft es auf eine wasserführende Schicht, so reagiert das Wasser mit dem Kohlenstoffdioxid und es bildet sich Kohlensäure.
- In Deutschland waren vor langer Zeit in vielen Gebieten Vulkane aktiv. So entstand z. B. im Gebiet der Kurstadt Bad Liebenstein im Wartburgkreis in Thüringen vor ca. 5 Millionen Jahren die vulkanische Thüringer Rhön, die für das Heraufsteigen vulkanischer Gase wie Kohlenstoffdioxid bis heute verantwortlich ist. Das in Bad Liebenstein geförderte Mineralwasser ist eine der kohlensäurereichsten Quellen Deutschlands.

Seite 226–227: Chemie erlebt – Schwefelsäure – das „Blut der Chemie"

1 Stelle die Bedeutung der Schwefelsäure für die Industrie in einer Übersicht dar.

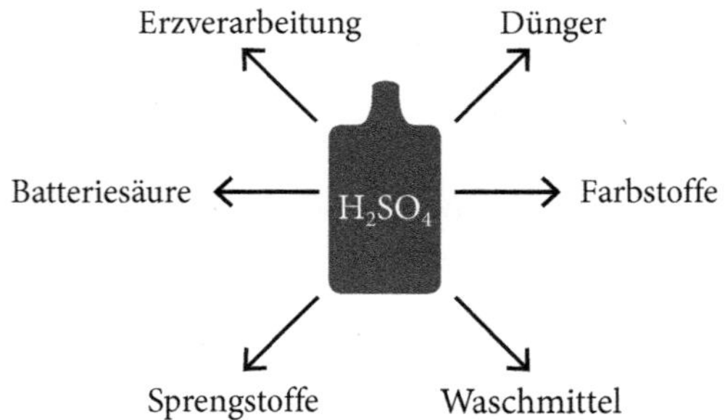

2 Leite aus den Eigenschaften von konzentrierter Schwefelsäure Regeln für einen sachgerechten Umgang ab.

Eigenschaft der konzentrierten Schwefelsäure	Abgeleitete Regel
In jedem Verhältnis mit Wasser mischbar. Wärmeentwicklung	Vorsichtig verdünnen, notfalls unter Kühlung und ständigem Rühren; erst das Wasser, dann die Säure.
Hygroskopisch	Nicht offen stehen lassen; organische Materialien nicht in die Nähe bringen; Haut schützen.
Stark ätzend	Handschuhe und Schutzbrille tragen; nur geringe Mengen verwenden; mit säurebeständigen Materialien arbeiten; bei Verletzungen sofort spülen und den Arzt konsultieren.
Wirkt oxidierend	Nicht mit unedlen Metallen in Berührung bringen.
Zerfrisst organische Stoffe	Handschuhe tragen, Kleidung schützen; Säurespritzer sofort entfernen.

3 Entwickle die Reaktionsgleichung für das Verbrennen von Schwefel.

$S + O_2 \rightarrow SO_2$

4 Erläutere das Schema zur Herstellung von Schwefelsäure.

Ausgangsstoff für die Schwefelsäureherstellung ist elementarer Schwefel, der in Reaktionsöfen zu Schwefeldioxid verbrannt wird. Schwefeldioxid kann aber auch aus sulfidischen Erzen gewonnen werden. Im zweiten Schritt wird das Schwefeldioxid in einem Kontaktofen mithilfe eines Katalysators zu Schwefeltrioxid oxidiert. Im dritten Schritt wird Schwefeltrioxid in konzentrierte Schwefelsäure eingeleitet und anschließend mit Wasser zur gewünschten Konzentration verdünnt.

Seite 229: Chemie erlebt – Laugenbrezeln – ein Gebäck mit Geschichte

1 Recherchiere die Geschichte des Bäckers aus Bad Urach, der mit dem Backen einer Laugenbrezel sein Leben retten konnte.

- Der Graf Eberhard entdeckte, dass sein berühmter Hofbäcker etwas von den Waren seines Grafen gestohlen hatte, der Hofbäcker wurde zum Tode verurteilt.
- Der Graf wollte aber seinen Bäcker nicht verlieren, also gab er ihm eine Chance, sein Leben zu retten. Der Bäcker sollte in nur drei Tagen ein neues Gebäck erfinden, durch welches die Sonne dreimal scheinen konnte.
- Zunächst hatte der Bäcker keine Idee. Als er seine Frau beobachtete, die mit verschränkten Armen im Türrahmen lehnte, kam ihm ein Gedanke: Er wollte die Form der verschlungenen Arme in sein Gebäck einarbeiten.
- Damit war die Aufgabe erfüllt: Die Sonne konnte durch dieses Gebäck dreimal scheinen.
- Des Bäckers Katze sprang plötzlich auf und fegte die Brezeln in eine Wanne mit heißer Lauge. Der Bäcker hatte keine Zeit mehr, um ein neues Gebäck herzustellen. Die Brezeln mussten mit der Lauge gebacken werden.
- So entstand der Sage nach die erste Laugenbrezel.

2 Erläutere, welche Sicherheitsvorschriften im Umgang mit Brezellaugenlösung zu beachten sind.

Brezellauge ist ätzend, deshalb sollte man generell vorsichtig im Umgang damit sein und Haut- und Augenkontakt vermeiden. Beim Mischen mit Wasser entsteht Wärme, deshalb muss beachtet werden, dass man das Gemisch immer dem Wasser zuführt und nicht umgekehrt.

3 Recherchiere, wie die glänzend braune Oberfläche der Laugenbrezel zustande kommt.

Die Brezel wird kurz vor dem Backen in Brezellauge getaucht (verd. Natriumhydroxid-Lösung). Während des Backens reagiert die Natronlauge mit dem Kohlenstoffdioxid und wird zu ungefährlichem Natriumcarbonat (Soda), welches für den typischen Geschmack verantwortlich ist. Die braune Farbe entsteht infolge der Maillard-Reaktion (Bräunungsreaktion), die durch die Lauge beschleunigt wird.

4 Stelle die Wort- und Reaktionsgleichung für die im Text beschriebene chemische Reaktion auf.

Natriumhydroxid + Kohlenstoffdioxid
→ Natriumcarbonat + Wasser

$2\,NaOH + CO_2 \rightarrow Na_2CO_3 + H_2O$

Seite 230–231: Alkalische Lösungen

1 Alkalische Lösungen dürfen nur mit Indikatoren geprüft werden. Begründe.

Alkalische Lösungen sind oft ätzend und geruchlos, sie sind daher mitunter sehr gesundheitsschädlich. Nur mit einem Indikator kann geprüft werden, ob eine unbekannte Flüssigkeit eine alkalische Lösung ist.

2 Beschreibe, wie man experimentell ermitteln kann, in welchem von drei mit Flüssigkeiten gefüllten Reagenzgläsern sich Kaliumhydroxidlösung, Salpetersäurelösung und Zuckerlösung befindet.

	Kaliumhydroxidlösung	Salpetersäurelösung	Zuckerlösung
Prüfen der elektrischen Leitfähigkeit	elektrisch leitfähig	elektrisch leitfähig	nicht elektrisch leitfähig
Zugabe von Universalindikatorlösung	Blaufärbung	Rotfärbung	–

3 Begründe die elektrische Leitfähigkeit von Natriumhydroxidlösung und Salzsäure. Vergleiche das Verhalten der Lösungen mit dem von destilliertem Wasser.
Natriumhydroxidlösung und Salzsäure leiten beide den elektrischen Strom, da in ihren Lösungen frei bewegliche Ladungsträger in Form von Ionen vorliegen. Beim Lösen von Natriumhydroxid in Wasser zerfallen die Ionenkristalle unter Bildung frei beweglicher Natrium- und Hydroxid-Ionen. Beim Lösen von Chlorwasserstoff in Wasser – was zur Bildung von Salzsäure führt – entstehen aus den Molekülen frei bewegliche Wasserstoff- und Chlorid-Ionen. Da in destilliertem Wasser (fast) keine Ionen enthalten sind, liegt keine elektrische Leitfähigkeit vor.

4 Beschreibe, was ein Maurer tun muss, wenn ihm Kalkmörtel ins Auge gespritzt ist.
Im Kalkmörtel ist Calciumhydroxid gelöst, das unter anderem auch auf die Hornhaut des Auges ätzend wirkt. Durch Ausspülen des Auges mit viel Wasser muss der Kalkspritzer verdünnt werden, um die schädliche Wirkung zu mindern. Es sollte ein Arzt zurate gezogen werden.

Seite 232: Bildung von Metallhydroxidlösungen

1 Begründe, warum Kalkwasser den elektrischen Strom leitet, der Feststoff allerdings nicht.
In einer Calciumhydroxidlösung sind bewegliche, elektrisch geladene Teilchen enthalten: positiv geladene Calcium-Ionen und negativ geladene Hydroxid-Ionen. Wird an Calciumhydroxidlösung eine Spannung angelegt, so leiten die in der Lösung enthaltenen Ionen den elektrischen Strom.

Im Feststoff sind zwar auch die Ladungsträger (Ca^{2+}-Ionen, OH^--Ionen) enthalten, aber sie sind nicht frei beweglich, sodass auch kein elektrischer Strom geleitet werden kann.

2 Formuliere die Reaktionsgleichung für die Dissoziation von Lithium-, Calcium- und Bariumhydroxid.
$LiOH \rightleftarrows Li^+ + OH^-$
$Ca(OH)_2 \rightleftarrows Ca^{2+} + 2\ OH^-$
$Ba(OH)_2 \rightleftarrows Ba^{2+} + 2\ OH^-$

3 Formuliere die Wort- und Reaktionsgleichung für die Bildung von Natriumhydroxid und Magnesiumhydroxid.
Natriumoxid + Wasser → Natriumhydroxid
$Na_2O + H_2O \rightarrow 2\ NaOH$

Magnesiumoxid + Wasser → Magnesiumhydroxid
$MgO + H_2O \rightarrow Mg(OH)_2$

Seite 234: Chemie erlebt – pH-Werte im menschlichen Körper

1 Erstelle ein Diagramm, aus dem der Verlauf des pH-Werts von der Nahrungsaufnahme über die Verdauung bis zur Ausscheidung hervorgeht.

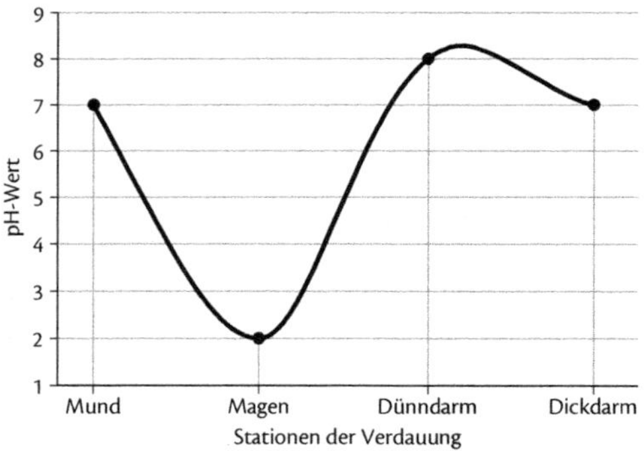

2 Recherchiere, welche Folgen eine Übersäuerung (Azidose) für den Körper haben kann. Fasse deine Ergebnisse in einer Tabelle zusammen.
Offene Aufgabenstellung. Eine Azidose bedeutet eine Fehlregulierung des Säure-Base-Haushalts im Körper, wodurch der pH-Wert des Bluts unterhalb der kritischen Schwelle von 7,35 sinkt. Der pH-Wert vom Blut wird durch Puffersysteme des Körpers in einem sehr engen Bereich (pH 7,35 bis 7,45) gehalten, bereits geringe Abweichungen können lebensbedrohlich sein. Mögliche Folgen einer Azidose: geistige Verwirrung, Atemnot, Acetongeruch der Ausatemluft, Koma und in schweren Fällen Tod.

Seite 236–237: Stoffmengenkonzentration von Lösungen

1 Berechne die Stoffmenge an gelöstem Kaliumhydroxid in 2 Liter Kalilauge (c = 0,1 mol/L).

Gegeben: $c = 0{,}1$ mol/L, $V = 2$ L
Gesucht: n
Lösung: $c = \frac{n}{V}$

$$n = c \cdot V = 0{,}1 \frac{\text{mol}}{\text{L}} \cdot 2\ \text{L} = \underline{\underline{0{,}2\ \text{mol}}}$$

Antwort: In 2 Liter dieser Kalilauge sind 0,2 mol Kaliumhydroxid gelöst.

2 In 500 mL Salzsäure sind 3 mol Chlorwasserstoff gelöst. Berechne die Stoffmengenkonzentration.

Gegeben: $n = 3$ mol, $V = 500$ mL = 0,5 L
Gesucht: c
Lösung: $c = \frac{n}{V}$

$$= \frac{3\ \text{mol}}{0{,}5\ \text{L}} = \underline{\underline{6 \frac{\text{mol}}{\text{L}}}}$$

Antwort: Die Stoffmengenkonzentration der Salzsäure ist $c = 6$ mol/L.

Seite 238–239: Der pH-Wert

1 Erläutere den Zusammenhang zwischen dem pH-Wert und der Stoffmengenkonzentration an Wasserstoff-Ionen in einer wässrigen Lösung.

Der pH-Wert ist ein Maß für die Stoffmengenkonzentration der Wasserstoff-Ionen in einer wässrigen Lösung. In einer neutralen Lösung mit einem pH-Wert von 7 beträgt die Stoffmengenkonzentration der Wasserstoff-Ionen 10^{-7} mol/L, in einer stark sauren Lösung mit einem pH-Wert von 0 beträgt sie 10^{0}, also 1 mol/L, und in einer stark alkalischen Lösung mit dem pH-Wert von 14 liegt sie bei 10^{-14} mol/L. Verdünnt man eine saure Lösung auf das zehnfache Volumen, nimmt die Stoffmengenkonzentration der Wasserstoff-Ionen um ein Zehntel ab, der pH-Wert also um 1 zu.

2 Zwei saure wässrige Lösungen weisen einen pH-Wert von 5 bzw. 3 auf. Gib jeweils die Stoffmengenkonzentration an Wasserstoff-Ionen an.

Bei einer sauren wässrigen Lösung mit dem pH-Wert 3 beträgt die Stoffmengenkonzentration der Wasserstoff-Ionen 10^{-3} mol/L, bei der sauren Lösung mit dem pH-Wert 5 beträgt sie 10^{-5} mol/L.

3 Leite den pH-Wert einer Salzsäure mit einer Stoffmengenkonzentration von c = 1 mol/L gelöstem Chlorwasserstoff ab.

Der pH-Wert einer Salzsäure mit einer Stoffmengenkonzentration von c = 1 mol/L, also von 10^{0} mol/L, beträgt 0.

4 Ein Liter Salzsäure mit einem pH-Wert von 1 soll so verdünnt werden, dass die entstehende Lösung einen pH-Wert von 5 hat. Berechne das Volumen an Wasser, das hinzugefügt werden muss.

Verdünnt man eine Lösung auf das zehnfache Volumen, nimmt der pH-Wert um 1 zu. Um einen Liter Salzsäure mit einem pH-Wert von 1 so zu verdünnen, dass die entstehende Lösung einen pH-Wert von 5 aufweist, muss man auf 10 000 L verdünnen.

5 Aus einer Kalilauge (c = 1 mol/L) soll eine verdünnte Lösung mit pH = 9 hergestellt werden.

a Gib den pH-Wert der Kalilauge an.

Der pH-Wert einer Kalilauge mit einer Stoffmengenkonzentration von c = 1 mol/L, also von 10^{0} mol/L, beträgt 14.

b Berechne das Volumen der konzentrierten Kalilauge, das notwendig ist, um einen Liter verdünnter Lösung herzustellen.

Wird eine alkalische Lösung auf das zehnfache Volumen verdünnt, sinkt der pH-Wert um 1. Um von pH 14 zu pH 9 zu gelangen, muss die entsprechende Lösung auf den Faktor 100 000 (10^{5}) verdünnt werden. Man benötigt also 1/100 000 L (0,01 mL) der konzentrierten Lauge, die dann auf 1 Liter verdünnt wird.

Seite 240–241: Neutralisation

1 Formuliere die Reaktionsgleichungen für die in ▸ Exp. 23, S. 235 stattgefundenen chemischen Reaktionen. Verwende für diese Neutralisation die Reaktions- und die Ionengleichung.

Natriumhydroxidlösung + Salzsäure
→ Natriumchloridlösung + Wasser

$NaOH + HCl \rightarrow NaCl + H_2O$

$Na^+ + OH^- + H^+ + Cl^- \rightarrow Na^+ + Cl^- + H_2O$

Calciumhydroxidlösung + Salpetersäure
→ Calciumnitratlösung + Wasser

$Ca(OH)_2 + 2\ HNO_3 \rightarrow Ca(NO_3)_2 + 2\ H_2O$

$Ca^{2+} + 2\ OH^- + 2\ H^+ + 2\ NO_3^- \rightarrow Ca^{2+} + 2\ NO_3^- + 2\ H_2O$

2 Erläutere die chemische Reaktion von:

a Natronlauge mit Schwefelsäure

$2\ Na^+ + 2\ OH^- + 2\ H^+ + SO_4^{2-} \rightarrow 2\ Na^+ + SO_4^{2-} + 2\ H_2O$

Die Hydroxid-Ionen der Natronlauge und die Wasserstoff-Ionen der Schwefelsäure reagieren zu Wasser-Molekülen. Das Natrium-Ion und das Sulfat-Ion gehen unverändert aus der Reaktion hervor.

b Natronlauge mit Salpetersäure

$Na^+ + OH^- + H^+ + NO_3^- \rightarrow Na^+ + NO_3^- + H_2O$

Die Hydroxid-Ionen der Natronlauge und die Wasserstoff-Ionen der Salpetersäure reagieren zu Wasser-Molekülen. Das Natrium-Ion und das Nitrat-Ion gehen unverändert aus der Reaktion hervor.

c Kalilauge mit Salpetersäure

$K^+ + OH^- + H^+ + NO_3^- \rightarrow K^+ + NO_3^- + H_2O$

Die Hydroxid-Ionen der Kalilauge und die Wasserstoff-Ionen der Salpetersäure reagieren zu Wasser-Molekülen. Das Kalium-Ion und das Nitrat-Ion gehen unverändert aus der Reaktion hervor.

d Bariumhydroxidlösung mit Salpetersäure

$Ba^{2+} + 2\ OH^- + 2\ H^+ + 2\ NO_3^- \rightarrow Ba^{2+} + 2\ NO_3^- + 2\ H_2O$

Die Hydroxid-Ionen der Bariumhydroxidlösung und die Wasserstoff-Ionen der Salpetersäure reagieren zu Wasser-Molekülen. Das Barium-Ion und das Nitrat-Ion gehen unverändert aus der Reaktion hervor.

3 Nenne die Ausgangsstoffe für die Bildung von Lithiumsulfit durch Neutralisation.

Lithiumhydroxid (LiOH) und schweflige Säure (H_2SO_3)

4 Begründe, dass bei den Neutralisationen verschiedener saurer bzw. alkalischer Lösungen jeweils fast gleiche Werte für die abgegebene Wärme ermittelt werden.

Bei der Neutralisation verschiedener Säuren mit unterschiedlichen Basen reagieren tatsächlich nur Wasserstoff-Ionen mit Hydroxid-Ionen zu Wasser-Molekülen. Beim Einsatz gleicher Volumina der sauren Lösung und der alkalischen Lösung wird daher jeweils fast die gleiche Reaktionswärme frei. Voraussetzung ist allerdings, dass in den gleichen Volumina der Lösungen auch jeweils die annähernd gleiche Anzahl der charakteristischen Ionen enthalten ist.

5 Begründe die Änderung der elektrischen Leitfähigkeit im Verlauf der Neutralisation anhand der in Abb. 3 dargestellten Reaktion.

Bis zum Erreichen des Neutralpunkts (pH = 7) sinkt die Leitfähigkeit, da die Ladungsträger in Form von positiv geladenen Wasserstoff- und negativ geladenen Hydroxid-Ionen zu neutralen Wasser-Molekülen reagieren. Erst wenn die alkalische Lösung im Überschuss zugesetzt wird, steigt die Leitfähigkeit wieder, da die überschüssigen Hydroxid-Ionen nicht mehr verbraucht werden, wodurch die Konzentration der Ladungsträger wieder steigt.

Seite 242–243: Chemie erlebt – Wenn der pH-Wert nicht stimmt

1 Recherchiere, unter welchen Bedingungen beim Bierbrauen Sauermalz bzw. Braugips zugesetzt werden.

Offene Aufgabenstellung. Sauermalz (mit Milchsäurebakterien versetztes, natürlich gesäuertes Malz) wird verwendet, wenn der pH-Wert in der Maische zu hoch ist, also abgesenkt werden muss. Braugips (Calciumsulfat-Dihydrat) wird zur Einstellung der Wasserhärte beim Brauen von Bier eingesetzt und bewirkt ebenfalls ein Absenken des pH-Werts.

2 Recherchiere die wesentlichen Aussagen von Ozeanforschern zum Thema „Übersäuerung der Meere“. Diskutiere diese Aussagen in der Klasse.

Offene Aufgabenstellung. Einige Aussagen zur Übersäuerung der Meere:

- Die Übersäuerung der Meere ist auf den Eintrag von Kohlenstoffdioxid aus der Atmosphäre zurückzuführen und ebenso Folge der menschlichen Emissionen dieses Treibhausgases.
- Beobachtet wird, dass der pH-Wert des Meerwassers abnimmt.
- Kalkschalen bildende Lebewesen, wie Schnecken, Muscheln oder Korallen, sind zuerst von der Übersäuerung betroffen. Ihre Kalkschalen und -skelette lösen sich bei einem zu niedrigen pH-Wert auf. Die Reduzierung der Bestände wird sich langfristig auf die Nahrungskette in den Meeren und somit auf das gesamte Ökosystem auswirken.

3 Informiere dich über die pH-Werte in Freibädern, Seen und Flüssen deiner Umgebung. Welche Ergebnisse wurden in der letzten Zeit ermittelt und welche Maßnahmen wurden daraus abgeleitet?
Stelle Möglichkeiten zusammen, wie jeder dazu beitragen kann, dass in Freibädern die Wasserqualität erhalten bleibt.

Offene Aufgabenstellung. Der pH-Wert des Wassers in Freibädern wird auch von den Badegästen beeinflusst, die über die Haut z. B. Staub, Schweiß oder Sonnencreme ins Wasser tragen. Auch Urin wirkt sich auf den pH-Wert und die Qualität des Wassers aus. Jeder Badegast kann zu einer besseren Wasserqualität beitragen, indem er vor dem Baden gründlich duscht und rechtzeitig das WC aufsucht.

Seite 246–247: Weitergedacht

Material A: Saurer Sprudel selbst gemacht

1 Die Löslichkeit von Kohlenstoffdioxid in Wasser hängt von der Temperatur und vom Druck ab.

a Gib die Löslichkeit von Kohlenstoffdioxid in Wasser für 0 °C, 10 °C und 20 °C bei 1 bar sowie bei 2, 4 und 6 bar für 10 °C an (► A2).

Temperatur in °C	Druck in bar	Löslichkeit in g/L
0	1	3,2
10	1	2,2
10	2	3,1
10	4	5,0
10	6	6,7
20	1	1,6

b Erkläre, warum beim Öffnen einer Sprudelflasche Kohlenstoffdioxid freigesetzt wird.

Durch das Öffnen einer Sprudelflasche wird schlagartig der Druck im Innern der Flasche verringert. Mit sinkendem Druck wird auch die Löslichkeit von Kohlenstoffdioxid in Wasser geringer, sodass die Lösung bei dem nun geringeren Druck übersättigt ist. In der Folge perlt Kohlenstoffdioxid aus der Lösung aus und wird frei.

c Erläutere die ersten beiden Hinweise aus der Bedienungsanleitung (► A1).

Die Löslichkeit von Kohlenstoffdioxid sinkt mit zunehmender Wassertemperatur. Deshalb ist es sinnvoll, möglichst kühles Wasser zu benutzen, da somit mehr Sprudel erzeugt werden kann.

Durch mehrmaliges Betätigen des Dosierknopfs lässt sich mehr Sprudel erzeugen, weil nicht gelöstes Kohlenstoffdioxid den Druck in der Flasche erhöht. Mit steigendem Druck nimmt die Löslichkeit von Kohlenstoffdioxid in Wasser zu, sodass bei erneutem Betätigen der Kohlensäuregehalt erhöht wird.

2 Mineralwasser wird auch als saurer Sprudel bezeichnet.

a Beschreibe die Vorgänge, die beim Herunterdrücken des Stempels ablaufen (► A3).

Beim Herunterdrücken des Stempels wird der Druck im Kolbenprober erhöht, sodass sich ein Teil des Kohlenstoffdioxids im Wasser löst. Dabei reagiert ein Teil des Kohlenstoffdioxids mit Wasser und bildet Kohlensäure, die den Universalindikator rot färbt.

b Erläutere die Rotfärbung des Universalindikators bei Druck auf den Stempel anhand von Reaktionsgleichungen.

Bildung der Kohlensäure:

$CO_2\,(aq) + H_2O\,(l) \rightarrow H_2CO_3\,(aq)$

Dissoziation in wässriger Lösung

$H_2CO_3\,(aq) \rightarrow 2\,H^+\,(aq) + CO_3^{2-}\,(aq)$

Beim Einleiten von Kohlenstoffdioxid in Wasser wird Kohlensäure gebildet. Die gebildeten Kohlensäure-Moleküle dissoziieren in wässriger Lösung in Wasserstoff-Ionen und Hydrogencarbonat-Ionen. Der Universalindikator zeigt durch Rotfärbung die Wasserstoff-Ionen der sauren Lösung an.

Hilfe: Wasser bildet mit Kohlenstoffdioxid Kohlensäure. Durch Rotfärbung beim Universalindikator wird eine saure Lösung angezeigt.

c Erläutere den Begriff saurer Sprudel.

Sprudel ist ein umgangssprachlicher Begriff für mit Kohlenstoffdioxid versetztes Wasser. Saurer Sprudel zielt darauf ab, dass sich beim Lösungsvorgang von Kohlenstoffdioxid in Wasser Kohlensäure bildet. Kohlensäure-Moleküle bilden in wässriger Lösung Wasserstoff-Ionen. Somit ist die Kohlensäure nicht nur für den erfrischenden Sprudel im Mineralwasser verantwortlich, sondern gleichzeitig auch für den schwach sauren Charakter der Lösung.

Material B: Flusssäure

1 Erstelle einen Steckbrief von Flusssäure.

Name: Fluorwasserstoffsäure; Formel: HF; Aggregatzustand: flüssig; Farbe: farblos; Schmelztemperatur: –44 °C; Siedetemperatur: 120 °C; molare Masse: 20 g/mol; Dichte: 1,14 g/cm³; Gefahrstoffkennzeichnung: GHS5, GHS6; besondere Eigenschaften: einzige Säure, die Quarz (auch Glas) aufzulösen vermag; Verwendung: Ätzen von Glas; Ätzmittel in der Halbleiterproduktion

2 Erkläre das angegebene Fließschema (► B1) und gib die Formeln aller beteiligten Stoffe an.

Zur Gewinnung von Flusssäure (Fluorwasserstoffsäure HF) muss der Ausgangsstoff Flussspat (Calciumfluorid CaF_2) mit Schwefelsäure (H_2SO_4) behandelt werden. Als Nebenprodukt fällt dabei Calciumsulfat ($CaSO_4$) an. Bei der Reaktion des unedlen Metalls Zinn (Sn) mit der gebildeten Flusssäure entsteht das Salz Zinn(II)-fluorid (SnF_2) sowie als Nebenprodukt Wasserstoff (H_2).

3 Formuliere für die in der Übersicht (► B1) dargestellten Reaktionen die chemischen Gleichungen.
$CaF_2 + H_2SO_4\,(aq) \rightarrow 2\,HF\,(aq) + CaSO_4\,(aq)$
$Sn + 2\,HF\,(aq) \rightarrow SnF_2\,(aq) + H_2\uparrow$

4 Entwickle die Lewis-Formel und die Dissoziationsgleichung der Flusssäure (► B1).

$H - \overline{\underline{F}}|$

$HF \rightarrow H^+ + F^-$

5 Erkläre, warum die Einnahme von mit Zitronensaft zubereiteten Tees bei Sodbrennen nicht zu empfehlen ist.
Zitronensaft enthält Citronensäure, die zu einem weiteren Absenken des pH-Werts beitragen kann.

Hilfe: Zitronensaft schmeckt sauer. Zitronensaft ist eine saure Lösung mit einem pH-Wert kleiner 7.

Material C: Sodbrennen

1 Nenne den Bestandteil des Magensafts, der für den niedrigen pH-Wert hauptverantwortlich ist (► C1).
Im Magensaft befindet sich gelöste Salzsäure, die in Wasserstoff-Ionen und Chlorid-Ionen dissoziiert ist. Die Wasserstoff-Ionen sind für den niedrigen pH-Wert verantwortlich.

Hilfe: Magensaft enthält gelöste Salzsäure. Der pH-Wert ist ein Maß für die Konzentration an Wasserstoff-Ionen.

2 Erläutere die Wirkung der beiden Wirkstoffe des Arzneimittels (► C1).
Das Arzneimittel enthält Aluminiumhydroxid und Magnesiumhydroxid.
Die Hydroxid-Ionen dieser beiden Stoffe reagieren mit den Wasserstoff-Ionen des Magensafts. Die Konzentration der Wasserstoff-Ionen sinkt und der pH-Wert steigt.

Hilfe: Das Arzneimittel enthält als wirksame Bestandteile Aluminiumhydroxid und Magnesiumhydroxid.
Wasserstoff-Ionen können mit Hydroxid-Ionen zu Wassermolekülen reagieren.
Bei Sodbrennen ist zu viel Magensäure vorhanden.

3 Benenne die Art der Reaktion, die zwischen dem Bestandteil des Magensafts und den beiden Wirkstoffen abläuft. Belege die Richtigkeit deiner Aussage anhand einer Reaktionsgleichung (► C1).
Es findet eine Neutralisationsreaktion statt.
$Al(OH)_3 + 3\,H^+ + 3\,Cl^- \rightarrow Al^{3+} + 3\,Cl^- + 3\,H_2O$

Hilfe: Formel Aluminiumhydroxid: $Al(OH)_3$
Formel Magnesiumhydroxid: $Mg(OH)_2$

4 Begründe die Notwendigkeit, sich bei Einnahme dieses Arzneimittels an die Dosierungsanleitung zu halten.
Eine Überdosierung kann zu einem zu starken Anheben des pH-Werts führen. Außerdem können bei Überdosierung eines jeden Arzneimittels schwerwiegende Nebenwirkungen auftreten.

Material D: Wenn der pH-Wert nicht stimmt!

1 Erläutere unter Zuhilfenahme von Reaktionsgleichungen, wie es zur Absenkung des pH-Werts der Meere kommt.
Bildung der Kohlensäure:

$CO_2\,(aq) + H_2O\,(l) \rightarrow H_2CO_3\,(aq)$

Dissoziation der Kohlensäure:
$H_2CO_3\,(aq) \rightleftarrows H^+\,(aq) + HCO_3^-\,(aq)$
$HCO_3^-\,(aq) \rightleftarrows H^+\,(aq) + CO_3^{2-}\,(aq)$

Durch den stetig steigenden Volumenanteil von Kohlenstoffdioxid in der Atmosphäre löst sich auch immer mehr dieses Gases in den Weltmeeren. Die beim Lösen gebildeten Kohlensäure-Moleküle dissoziieren zu Hydrogencarbonat- und Carbonat-Ionen, wobei sich die für die Absenkung des pH-Werts verantwortlichen Wasserstoff-Ionen bilden.

Hilfe: Gelöstes Kohlenstoffdioxid reagiert mit Wasser zu Kohlensäure.
Kohlensäure dissoziiert in Wasser.

2 Erläutere mithilfe des Schemas (► D2), wieso der Eintrag von Kohlenstoffdioxid in die Meere eine Gefahr für Muscheln und Kalkriffe darstellt.
Wie in dem Schema ► D2 erkennbar, bewirkt Kohlenstoffdioxid die Auflösung des eigentlich unlöslichen Calciumcarbonats im Meerwasser, sodass dieses gelöst als Calciumhydrogencarbonat vorliegt. Dies geschieht durch die Versauerung des Meerwassers. Gebildete Wasserstoff-Ionen greifen das Calciumcarbonat an und reagieren zu leicht löslichen Hydrogencarbonat-Ionen.
Muscheln und Kalkriffe bestehen zu einem Großteil aus Calciumcarbonat, sodass diese stark unter der Versauerung leiden: Korallen und Muscheln werden durch einen sinkenden pH-Wert unwiederbringlich aufgelöst. Dies würde schwerwiegende Folgen für das Ökosystem haben,

da z. B. einige Fischarten Korallenriffe zur Aufzucht ihrer Nachkommen nutzen.

3 Stelle eine begründete Vermutung auf, ob der Anstieg der Durchschnittstemperaturen der Meere durch die globale Erderwärmung das Absenken des pH-Werts weiter verstärkt.
Der Anstieg der Durchschnittstemperatur auf der Erde bewirkt nicht ein zusätzliches Lösen von Kohlenstoffdioxid im Meerwasser. Mit steigender Temperatur nimmt die Löslichkeit von Kohlenstoffdioxid im Wasser vielmehr ab. Somit wirkt der Temperaturanstieg isoliert betrachtet der weiteren Versauerung der Meere sogar entgegen. Da die erhöhte Durchschnittstemperatur momentan allerdings auf einen erhöhten Kohlenstoffdioxid-Ausstoß zurückzuführen ist, wird der pH-Wert der Meere trotz steigender Temperatur wohl weiter sinken.

Hilfe: Die Löslichkeit von Gasen hängt vom Druck und der Temperatur ab.
Mit zunehmender Temperatur sinkt die Löslichkeit bei Gasen.